PREMIER PLAIDOYER

DE

M. D'EPRÉMESNIL,

Conseiller au Parlement de Paris , Neveu de
M. DE LEYRIT ;

CONTRE

LE Sʳ. DE LALLY-TOLENDAL,

Curateur à la mémoire du feu Comte DE LALLY.

PREMIER

PLAIDOYER

DE Monſieur DU VAL D'EPRÉMESNIL, Conſeiller au Parlement de Paris, neveu, par ſon père, de feu Monſieur DU VAL DE LEYRIT, Gouverneur-Général des Etabliſſements François dans l'Inde, & Préſident de tous les Conſeils y établis; Intervenant : *GRAND'- CHAMBRE ASSEM- BLÉE.*

CONTRE le Sieur TROPHIME-GÉRARD DE LALLY-TOLENDAL, Capitaine de Cavalerie au Régiment des Cuiraſſiers, nommé le 21 Décembre 1778, par Arrêt du Parlement de Normandie, Curateur à la mémoire du feu Comte DE LALLY, Lieutenant-Général des Armées du Roi, Grand'Croix de l'Ordre Royal & Militaire de S. Louis, Colonel d'un Régiment Irlandois de ſon nom, Commiſſaire du Roi, Syndic de la Compagnie, & Commandant en chef dans l'Inde :

En préſence de Monſieur LE PROCUREUR-GÉNÉRAL ;

Du Comte D'ACHÉ, Vice-Amiral de France ;

A

Du Vicomte DE FUMEL *, ci-devant Major-Général de l'Armée du Roi dans l'Inde.*

Des Sieurs BAZIN *,* ROCHETTE *,* DE CHAMBOY *,* DESCHAUX *,* FOSSIER *,* MEAGHER & DE FERE *;*

Du Sieur ALLEN *;*

Du Sieur POULLY *;*

Des Sieurs de GADEVILLE & CHAPONNAY *;*

De l'Abbé NOROUHA *, du Frère* FREINCH *, de* RAMA-LINGA *, de deux Quidams du Régiment de Lorraine, & des nommés* URPY & JACQUELOT.

CONCLUSIONS DE M. D'EPRÉMESNIL.

Mes Conclusions sont : » A ce qu'il plaise a la
» COUR me recevoir Partie intervenante dans l'Instance
» pendante entre M. le Procureur-Général , & le sieur
» Trophime-Gérard de Lally-Tolendal , nommé , par
» l'Arrêt de la Cour du 21 Décembre 1778 , Curateur
» à la mémoire de Thomas-Arthur de Lally , Lieutenant-
» Général des Armées du Roi , Grand'Croix de l'Ordre
» Royal & Militaire de S. Louis , Colonel d'un Régiment
» Irlandois de son nom , Commissaire du Roi , Syndic
» de la Compagnie, & Commandant en chef dans l'Inde ,
» & autres Parties : Ce faisant ,

 » A l'égard des sieurs de Gadeville , Chaponnay ,
» Allen & Poully , me donner acte de la Déclaration faite
» par moi dès l'entrée de la Cause , & que je réitère en
» ce moment aux pieds de la Cour, que si je leur ai fait
» signifier ma Requête d'intervention , ç'a été uniquement
» pour me conformer à l'Ordonnance dont la Cour a
» répondu cette Requête ; mais que je n'entends aucunement
» les troubler dans leur défense , que je n'ai point à me
» plaindre d'eux , que je ne suis point leur Adversaire ,
» que je ne veux point l'être, & que je ne serois pas même
» celui du sieur de Tolendal , si ce dernier , mieux éclairé
» sur ses vrais intérêts , cessoit de persister dans une défense
» cruellement injurieuse à la mémoire du feu sieur de
» Leyrit : Déclaration qui se fût trouvée jointe à la

» fignification même de ma Requête d'intervention , fi
» le zèle de M^e. Clerot mon Procureur , provoqué
» d'ailleurs à cette diligence par les fieurs de Gadeville,
» Chaponnay , Allen & Pouilly eux - mêmes , ne l'eût
» porté à faire , fans délai , pour moi abfent , cette
» fignification , ainfi que je l'ai obfervé auxdits fieurs
» fufnommés.

» A l'égard de l'Abbé Norouha , du Frère Freinch ,
» de Ramalinga , des deux Quidams du Régiment de
» Lorraine , des nommés Urpy & Jacquelot , m'accorder
» acte de la même Déclaration inférée dans la fignification
» de ma Requête d'intervention , & que je réitère.

» A l'égard des fieurs Bazin , Rochette, de Chamboy,
» Defchaux & Foffier , me donner acte de la Déclaration
» également inférée dans la fignification de ma Requête
» d'intervention , & que je réitère ; que fi je leur
» ai fait fignifier madite Requête, ç'a été uniquement
» pour me conformer à l'Ordonnance de la Cour; mais
» que je ne fuis , ni ne peux être leur Adverfaire ;
» que notre Caufe feroit plutôt commune , & que je
» n'ai que des vœux à faire pour qu'un nouveau fuccès,
» plus conftant que le premier , prouve à jamais leur
» innocence.

» A l'égard des fieurs de Fere & Meagher , me donner
» acte des mêmes Déclarations.

» A l'égard du Vicomte de Fumel , me donner acte
» de la Déclaration inférée dans la fignification de
» ma Requête d'intervention , & que je réitère ; que
» fi je lui ai fait fignifier madite Requête , ç'a été auffi
» pour me conformer à l'Ordonnance de la Cour ; mais

» que je ne fuis , ni ne peux être fon Adverfaire ; que j'ofe
» même en invoquer le témoignage ; que le Vicomte de
» Fumel , Major-Général de l'Armée du Roi dans l'Inde,
» fait mieux qu'un autre , fi M. de Leyrit a négligé les
» devoirs de fa place & la défenfe de Pondichéry ; que
» les monuments de l'eftime particulière dont il honoroit
» ce Gouverneur , feront portés aux pieds de la Juftice ,
» & que je ne craindrai pas de citer l'exemple du Vicomte
» de Fumel , entre mille autres , comme une preuve des
» plus illuftres , que M. de Leyrit n'a pas eu dans
» l'Inde un approbateur , ni le Comte de Lally un
» cenfeur , qui ne fût diftingué par fa fidélité au fervice
» du Roi.

» A l'égard du Comte d'Aché , Vice-Amiral de France ,
» me donner acte de la Déclaration pareillement inférée
» dans la fignification de ma Requète d'intervention ,
» & que je réitère , comme toutes les autres , aux pieds
» de la Cour ; que fi je lui ai fait fignifier madite
» Requête , ç'a été auffi pour me conformer à l'Ordon-
» nance de la Cour ; mais que je ne fuis , ni ne peux
» être fon Adverfaire ; que j'oferois plutôt ajouter , s'il
» en étoit befoin , une palme à fa couronne ; que notre
» Caufe eft commune ; que l'honneur , l'innocence &
» la juftice font néceffairement confédérés , & que je
» m'eftimerois heureux fi les témoignages folemnels
» de ma vénération pour la perfonne , & de mes vœux
» pour la caufe du Comte d'Aché , adouciffoient un
» moment pour lui la rigueur des circonftances , qui
» ramènent en caufe un Vice-Amiral de France , déclaré
» irreprochable par un Arrèt unanime , & compromis

» une feconde fois , après douze ans , fur les mêmes
» faits , par un événement inattendu.

» Enfin , à l'égard du fieur Trophime-Gérard de Lally-
» Tolendal , Curateur à la mémoire du feu Comte de
» Lally , ordonner , dès à préfent , que les Mémoires
» dudit feu fieur de Lally , intitulés : *Mémoire pour le Comte
» de Lally* ; *Tableau hiftorique de l'expédition de l'Inde ; Ré-
» fumé de la Capitulation de Pondichéry ; Vraies caufes de la
» perte de l'Inde* , feront & demeureront fupprimés , comme
» faux & calomnieux , en ce qui touche la mémoire de mon-
» dit feu fieur de Leyrit ; ordonner en outre que , pour valoir
» de plus ample réparation , l'Arrêt à intervenir fera
» imprimé & affiché par-tout où befoin fera , aux frais
» & dépens dudit fieur de Tolendal ; le condamner , en
» la qualité qu'il procède , aux dépens : & où la Cour
» ne trouveroit pas , quant à préfent , fa religion fuffifam-
» ment inftruite , en ce cas , joindre ma Requête d'in-
» tervention au principal , diftribué au rapport de M.
» Mouchard , pour y être fait droit par un feul & même
» Arrêt : auquel cas , fur les dépens , je m'en rapporte
» à l'équité de la Cour , me réfervant dans tous les cas
» de prendre les mêmes conclufions contre ceux des
» Mémoires du fieur de Tolendal qui parviendroient à
» ma connoiffance , & dans lefquels la mémoire de mondit
» feu fieur de Leyrit , frère de mon père , feroit offenfée.

» M'accorder défaut contre les Parties défaillantes , &
» pour le profit , déclarer l'Arrêt à intervenir commun
» avec elles «.

MESSIEURS,

SI j'avois fu compofer avec l'honneur, négliger les droits de la nature, étouffer en moi-même l'horreur de l'injuftice, & pâlir aux apparences d'un crédit ufurpé, on ne m'entendroit pas, élevant vers vous ma voix inconnue dans ce Palais, braver pour la mémoire de l'un des miens, les efforts d'un parti déchaîné depuis quinze ans contre les loix. Je connois les maximes de ce parti que rien n'étonne, fes moyens, fes agents, fes reffources, fes efpérances ; je les connois, & je fens ma foibleffe ; mais je connois auffi votre équité, vos lumières, votre courage ; il raffure le mien. Je parois feul ; mais le fuccès de ma demande importe à la Patrie. Oui, MESSIEURS, j'ofe le dire ; dans l'étrange Procès où l'on me force d'intervenir, la Majefté Royale eft compromife, la puiffance des Loix eft affoiblie, l'autorité des Magiftrats foulée aux pieds, la foi des Arrêts anéantie, la tranquillité de nos Provinces facrifiée, l'exiftence de nos Colonies mife au hazard, la voix de l'Afie & de l'Europe comptées pour rien, fi la vôtre ne fait pas tout rentrer dans l'ordre. Ajouterai-je à ces grands intérêts, à ces noms chers & vénérables, l'honneur du mien ? C'eſt lui que je défends , c'eſt lui qui m'autoriſe , qui m'amène en ces lieux : mais à peine eſt-ce lui qui m'occupe. Que n'eſt-il permis en France, comme autrefois à Rome , d'accuſer hautement les prévaricateurs publics ! J'aurois , MESSIEURS , dès 1763 , ſans autre vue que le bien de l'Etat , pourſuivi, dans un homme qui trouve aujourd'hui des Partiſans , le plus avare , le plus lâche , le plus coupable , mais heureuſement le plus mal-adroit des traîtres. Je bénis du moins la Providence d'avoir lié ma cauſe à celle de la Patrie ; & cette Providence qui juge mes démarches, qui lit au fond des cœurs , ſait que mes premiers vœux ſont pour la cauſe publique. Je parois ſeul ; mais l'ombre du vertueux Citoyen que je défends , du frère de mon père , va combattre à mes côtés. Soyez certains , MESSIEURS , qu'elle fait déja trembler mon Adverſaire. Non , je ne ſuis pas ſeul , les vertus éprouvées de cet homme irreprochable , ſon zèle , ſa prévoyance , ſa vigilance infatigable , ſa conſtance inouie , ſa patience inébranlable , ſon immuable fidélité , ſon héroïque ſoumiſſion , ſa magnanimité , voilà , MESSIEURS , l'honorable cortège qui m'accompagne auprès de vous , & l'unique rempart dont je me couvrirai contre les ennemis de ma cauſe ; je le dis , je l'eſpere : leur parti, s'il ſe montre , doit enfin s'humilier , leur crédit , s'il exiſte , doit enfin expirer aux pieds du trône de la Juſtice.

Me reprochera-t-on d'aller trop loin ? Dira-t-on que je forme une chimère pour la combattre ? Me demandera-t-on où je vois ce parti ? Ma réponſe eſt aiſée. Je

le

le vois dans ces clameurs excitées après douze ans en faveur d'un homme qui n'avoit pas une voix pour lui le jour de son supplice , dans cette obstination insensée à le défendre de plusieurs Ecrivains connus par leur acharnement ridicule contre la Magistrature Françoise , dans ces paroles d'un repentir imaginaire témérairement prêtées au feu Roi , qui n'a jamais voulu entendre parler ni de grace pour la personne , ni de réhabilitation pour la mémoire , ni de révision pour le Procès du Comte de Lally ; dans la facilité avec laquelle on est parvenu à taire ou déguiser ses crimes au Souverain que Dieu nous a donné ; dans ces efforts , que j'ai traversés , pour obtenir une Commission ; dans ces bruits injurieux semés avec affectation par toute la France , que la mémoire du Comte de Lally seroit réhabilitée ; dans la précipitation avec laquelle on poursuivoit un Jugement ; dans l'interversion des usages , dans le choix du temps , dans les Lettres surprises..... Vous m'entendez , MESSIEURS : le respect me ferme ici la bouche , mais la vérité est satisfaite. Vous me demandez où je vois ce parti ? Je le vois dans vos Lettres , je le vois dans vos Mémoires , vous qu'on me donne pour Adversaire , vous que j'honore , mais qu'il faut que je dépouille d'une force empruntée , d'une pompe étrangère qui ne vous convient plus dans cette enceinte. Répondez , je vous supplie , qu'est-ce qu'une Lettre signée de vous , & publiée au N°. 14 du 4ᵉ. volume du Courier de l'Europe , de ce papier purement politique , qui n'est pas sous l'inspection des Magistrats ? Qu'est-ce qu'un Ecrit que vous faites imprimer dans cette Ville , & dont les ordres les plus précis de votre part me dérobent la connoiſſance ? Comment voulez-vous que j'interprète la défenſe expreſſe , faite à Paris , le 18 Mars 1779 , *d'y réimprimer le Mémoire à conſulter , & Conſultation pour le Comte de Lally-Tolendal , imprimé à Rouen chez veuve Beſongne & fils* : ainſi l'ordre eſt-il conçu ; ordre ſupérieur , expédié , dans un temps , dans une affaire , où vous étiez ſeul entendu ? Que ſignifie ce ſoin particulier avec lequel vous avez tenu ſecret votre Mémoire au Conſeil ? Il faut le dire , & c'eſt vous qui m'y forcez. Ce Mémoire au Conſeil eſt un Libelle , le plus hardi qui ſe puiſſe imaginer contre les Juges du Comte de Lally ; cette Lettre en eſt un autre , moins horrible ſans doute : il le falloit , puiſque vous l'adreſſiez à un Miniſtre qui devoit répondre aux Loix de ſa publicité ; mais enfin , dans cette Lettre , imprimée , vous traitez encore tous les témoins , tous , ſans exception , de calomniateurs ; vous y dites que votre père a ſuccombé ſous les efforts d'une cabale ; qu'on l'a égorgé : ce ſont vos propres termes. Dans le Mémoire , vous allez beaucoup plus loin ; vous attaquez nommément le Rapporteur du Procès de votre père , un Vieillard octogénaire , le Doyen du Parlement & des Magiſtrats du Royaume , qui n'étoit pas là pour vous répondre , qui n'y pouvoit pas être ; vous l'attaquez , vous l'outragez , vous l'accablez , abſent , des plus indignes reproches , ſans le prendre à partie , & vous le faites impunément : dans ce Mémoire , vous transformez le Procureur-Général du Roi , en copiſte ſervile de faux témoins ; vous le traitez d'homme ignorant les Loix , inſenſible à ſes devoirs ;

vous le traitez ainfi , fans le prendre à partie , & vous le faites impunément : dans ce Mémoire, vous dites que le Confeiller-Commiffaire , ce perfonnage incorruptible , mort en exil , durant les derniers troubles , victime volontaire de fa vertu patriotique , pour n'avoir pas voulu , quoique malade , obtenir fon rappel à Paris par fa démiffion : Magiftrat connu par fon extrême indulgence, qui dans fon opinion penchoit à réferver la peine de mort aux affaffins formels , le feul, je vous l'apprends, qui n'ait pas voté pour le dernier fupplice ; vous dites qu'il a foutenu , excité les témoins contre l'Accufé , vous le dites , vous l'affurez , au mépris des vraifemblances les plus communes , fans en donner le moindre indice , & vous le faites impunément : enfin , dans ce Mémoire , tous les témoins font des parjures , tous les Juges font des bourreaux : oui , quarante-quatre Juges , Membres depuis trente ans , pour la plupart , d'une Cour Souveraine ; quarante-quatre Magiftrats , dont la voix unanime a condamné le Comte de Lally , ont été fes bourreaux , avoient intérieurement juré fa mort , l'avoient mife en fyftême ! Si cela eft , où fuir ? où fe cacher ? Dans quel defert faut-il , ou releguer de pareils monftres , ou courir fe dérober au pouvoir effrené de leur ligue épouventable ? ..... Mais en un mot, vous l'avez dit , & vous l'avez dit impunément.

Maintenant , M E S S I E U R S , qu'il me foit permis de vous le demander : à tous ces traits réunis , reconnoiffez - vous le crédit d'un feul homme , & le pouvoir de la fimple vérité ? Non , non , la vérité n'a point de telles armes ; non, un homme qui n'a compté que fur fa caufe , ne tient pas cette conduite avec tant d'affurance. Je n'applaudirai pas , il n'eft pas poffible que j'applaudiffe ; mais du moins je pardonne au fils religieux qui fe voue à la défenfe d'un père , même coupable : la nature l'entraîne, la Juftice l'excufe ; & puifqu'on veut abfolument que nos mœurs aient affoibli cette raifon fublime qui rend les fautes perfonnelles , cet héroïfme antique qui mettoit fincérement & pleinement la Patrie au-deffus de la famille , puifqu'il faut vivre inutile , ou porter un nom fans reproche , le plus grand facrifice que le fils d'un homme juftement condamné parmi nous , puiffe faire , eft d'immoler par fon filence , non à l'Etat qui ne l'exige plus , & n'en tient pas le même compte , mais à l'ordre des chofes , à l'éternelle vérité , à fa confcience , la nature , & la gloire. Une vertu fi pure doit être plus honorée pour être plus commune. Ajoutons cependant, que, fi l'on peut fans rougir , defcendre de la hauteur où ces grandes penfées tiennent les ames vraiment juftes , fi l'on peut fans crime défendre un père criminel , du moins, ce qu'on rend à la nature , & peut - être au point d'honneur , ne doit jamais faire oublier les notions les plus communes de la morale. Pour défendre fon père , il ne faut pas combattre l'évidence ; pour défendre fon père, il ne faut pas calomnier la vertu la plus pure ; pour défendre fon père , il ne faut pas infulter aux malheurs de toute une Colonie ; pour défendre fon père , il ne faut pas outrager vingt familles innocentes & paifibles , fonner injuftement l'alarme dans fon pays, aliéner le cœur du Roi , de fes plus fidèles ferviteurs ;

indifpofér , foulever , armer , autant qu'il eft en foi , les Citoyens contre les Magiftrats ; pour défendre fon père , il ne faut pas , Eroftrate nouveau , brûler le Temple de la Juftice.

Que fa caufe , MESSIEURS , fût devenue touchante , fi fa défenfe eût été plus modefte ! Mon Adverfaire n'a pas compris fes vrais intérêts. Fier de l'impunité , il s'eft cru tout permis ; porté , foutenu dans la carrière , il a vaincu, mais fans combattre. J'aime à croire que fes faciles fuccès l'ont aveuglé : il a vaincu ; mais le temps fait juftice de ces triomphes défavoués par la vertu ; & ce temps , qui remet tout à fa place , ce temps , dont le flambeau facré brille fans ceffe devant les Loix, vous a confié fes armes redoutables.

Employez-les , puifqu'on le veut ; préparez, prévenez, fixez , MESSIEURS , par un fecond Arrêt, fes Jugements terribles. L'éclat dont vos Oracles vont être précédés , fervira peut-être à les rendre plus irréfragables ; c'eft le prix que j'ofe attendre de mes efforts. Que je l'ai defiré, cet éclat néceffaire ! Et cependant que n'ai-je pas fait pour l'éviter ! Prêt à combattre j'ai cru devoir offrir : que dis-je ? j'ai demandé la paix. Un feul aveu , que l'honneur eût approuvé , me défarmoit. On me l'a refufé. Il a fallu defcendre dans l'arène. Vous m'y voyez, MESSIEURS , difpofé à vous rendre compte des actions les plus cachées, des difcours les plus intérieurs, des réfolutions les plus fecrètes, des penfées les plus intimes du Gouverneur de Pondichéry. Je commence. Daignez, MESSIEURS, prêter l'oreille au récit de ma Procédure. En l'expofant , j'aurai peut-être plaidé toute ma Caufe. Souffrez pourtant que je reprenne quelques Faits préliminaires.

Georges du Val de Leyrit , frère de mon père , a paffé dans l'Inde , en 1741 , à l'âge de 24 ans , en qualité de Confeiller au Confeil Souverain de Pondichéry. En 1742 il fut nommé Commandant à Mahé. La même année , M. Dupleix , Commandant à Chandernagor , Chef-lieu de nos Etabliffements dans le Bengale , fut appellé au Gouvernement de Pondichéry , & remplacé au Bengale par M. d'Irois. Bientôt la mort enleva ce dernier. M. Burat fut nommé à fa place ; mais peu d'années après , il fut remercié : & dix mois s'écoulèrent fans lui nommer un Succeffeur au Bengale. On y laiffa un Directeur *par interim.* Alors la Colonie tomba dans une confufion inexprimable. On vit en fermentation fur un petit théatre toutes les paffions d'un grand Empire à fon déclin. Les cœurs étoient défunis , les différents Etats formoient de petites factions rivales ; on s'évitoit, on s'aigriffoit , on fe deffervoit mutuellement : plus de police , peu de commerce , plus d'efprit national ; Chandernagor , fans volonté publique , fous l'éphémère autorité d'un Chef fans titre , étoit l'image du cahos. Mon Oncle , âgé de 30 ans , fut choifi pour y rétablir l'ordre & la paix ; il arriva Gouverneur & Commiffaire, Porteur , mais Juge abfolu des ordres les plus févères , Dépofitaire des impreffions les plus finiftres, revêtu de la puiffance la plus complette qu'un homme puiffe exercer , maître , en un mot , de réformer ou d'interdire qui bon lui fembleroit, parmi les employés , dans l'état militaire, dans le Confeil lui-même : c'étoit une vraie dictature. Je ne dirai pas fi de tels pouvoirs, qui ne peuvent jamais exifter en France, font quelquefois néceffaires dans les Colonies; mais je dirai qu'entre les mains de mon Oncle ils n'ont pas été dangereux. Ce mortel peu connu & fi digne de l'être, ne réforma, n'interdit, n'humilia, ne deffervit perfonne, & réunit tous les efprits. Son fecret fut très-fimple ; il s'apperçut que la Colonie n'avoit befoin que d'un Chef affermi dans fon pofte, & fe mit à la gouverner en bon père de famille, qui montre, plus qu'il n'exerce, fa redoutable & fainte autorité. On parle encore dans le Bengale de l'adminiftration de M. de Leyrit. Les Etrangers le refpeɛtoient, les Citoyens le béniffoient. Il difoit qu'un Gouverneur devoit regarder tous fes Concitoyens comme fes enfants, & leur facrifier de fa fortune : & ce qu'il difoit, il le pratiquoit; fes confeils, fon appui, n'étoient refufés à perfonne, mais fa bourfe étoit ouverte à tous les François. S'agiffoit-il des armements publics? Il ne penfoit qu'à l'Etat. S'agiffoit-il des armements particuliers ? On eût dit que chaque famille étoit la fienne. Son bonheur étoit de voir un François s'enrichir par des voies honorables; fes Mémoires, qu'il m'a laiffés, refpirent ce fentiment fi doux & fi patriotique. Auffi, MESSIEURS, la paix & la profpérité publiques, la joie & l'abondance domeftiques furent-elles les fruits heureux de fes foins paternels; ils rendirent en peu de temps, & fans peine, le Confeil appliqué, les Militaires fubordonnés, les Employés refpeɛtueux. Jamais la Compagnie n'avoit reçu de cargaifons plus riches; jamais Chandernagor ne s'étoit vu dans un état plus floriffant. Si j'en dis trop, des François vivent encore , qui pourront me démentir , quand mes difcours paſſeront ſous leurs yeux ; ſi j'en dis trop, les Livres de la Compagnie , & toutes ſes correſpondances ſubſiſtent , qui peuvent me confondre. Allez , jeune Ennemi d'une Cauſe trop ſûre , j'oſe vous plaindre d'avoir troublé les mânes de cet homme de bien : allez , & queſtionnez tous les François , écrivez en Aſie , recherchez en Europe , interpellez la Compagnie , feuilletez tous ſes Livres , adreſſez-vous à tous les Miniſtres , dévorez toutes les correſpondances , & produiſez contre mon Oncle un ſeul témoignage , & trouvez-en un ſeul pour celui que la nature, dans ſa rigueur , vous condamne à défendre.

Tandis que M. de Leyrit faiſoit fleurir le commerce , & régner la juſtice avec la paix dans le Bengale, M. Dupleix , Gouverneur de Pondichéry , opéroit dans l'Indouſtan les plus grandes révolutions , & portoit au plus haut dégré de gloire le nom François. Les ennemis de cet homme extraordinaire , à qui j'avois encore le bonheur d'appartenir, par ma mère , ſa pupille , & fille du premier lit de Madame Dupleix , ont décrié ſes conquêtes , ſes talents , & ſes principes. Jugez , MESSIEURS , s'ils ont bien fait. Les Anglois ont pris les Mémoires de M. Dupleix pour guides , ſes exemples pour leçons ; & toute leur puiſſance , je ne crains pas d'en être défavoué à Londres , toute leur puiſſance dans l'Inde en eſt le fruit. Après avoir facilité par ſes ſoins infatigables la priſe de Madras ; forcé les Anglois , infiniment ſupérieurs en nombre, de lever le ſiège de Pondichéry , au bout de 48 jours de tranchée

ouverte ;

ouverte ; M. Dupleix , éclairé par une politique , non moins fûre que vafte , & foutenu par la gloire de fon nom , que la belle défenfe de Pondichéry avoit rendu très-célèbre dans toute l'Afie , jetta les yeux fur l'Empire Mogol , y vit deux familles divifées pour un trône que chacune réclamoit comme un bien patrimonial , ne fut point troublé par l'idée de ces armées nombreufes , de ces maffes afiatiques qu'une poignée d'hommes aguerris , difciplinés , & bien commandés , avoit toujours vaincues , & fentit que le temps étoit venu d'affurer à jamais l'honneur & le commerce national par une guerre , que la juftice pût avouer , & que la paix ne tardât pas à fuivre ; il embraffa la bonne caufe : les Anglois eux-mêmes font forcés d'en convenir. Nous avons la généalogie authentique des deux familles ; l'une avoit pour elle les droits de la naiffance , & le firman de l'Empereur Mogol ; ce fut à elle que le Gouverneur de Pondichéry prêta le fecours des armes Françoifes. Nos premiers fuccès furent incroyables. On vit 80 mille Indiens , mis en déroute , & leur camp pillé , aux portes de Pondichéry , par 1200 François , fuivis de 25 mille Cipayes , qui n'eurent pas même befoin de donner. M. Dupleix avoit un héros fous fes ordres ; il l'envoya dans le Dékan ; & M. de Buffi , c'eft le nom de ce François , y rétablit le Souba légitime. Des places fortes , quatre Provinces , déja très-riches , & fituées pour le devenir encore plus , furent le prix de fes exploits. Enfin , le concours de l'héroïfme & du génie dans ces deux hommes , également bons citoyens , également bons politiques , également courageux , également infatigables , l'un dans fon

C

cabinet, & l'autre fous fa tente ; ce concours , qui n'eft pas im offible , puifqu'on l'a vu , nous menoit à grands pas vers ce but fi néceffaire, & maintenant fi reculé , du moins en apparence, de foudoyer nos troupes , foutenir nos établiffements , & fonder notre commerce , dans l'Afie, fur des revenus tirés du pays même ; quand les Anglois , intervenus dans la querelle , tentèrent d'obtenir en Europe , de nos Miniftres, par le rappel de M. Dupleix , une prépondérance , qu'ils n'auroient jamais eue fur lui dans l'Inde , ni par leurs traités , ni par leurs armes.

Je m'abftiendrai , MESSIEURS , d'entrer dans les détails de cette négociation , très-fingulière , qui n'eft pas bien connue , mais qui le fera un jour. On parvint à perfuader aux Directeurs de notre Compagnie , aux Miniftres du feu Roi , que M. Dupleix ne cherchoit qu'à brouiller les affaires , & que la paix feroit bannie de l'Inde , auffi long-temps qu'il y gouverneroit la Nation Françoife. La vérité eft cependant , que depuis fon rappel, les malheureux Indiens , harcelés impunément par les Anglois , que nous avons laiffé faire , n'ont refpiré dans aucun des pays où cette nation rivale a pu pénétrer ou négocier. On alla jufqu'à dire que M. Dupleix vouloit fe faire dans l'Indouftan une Souveraineté. Ce bruit abfurde trouva des partifans. Le Comte de Lally a depuis imaginé , & configné dans une de fes Lettres à mon Oncle , cette imputation extravagante contre M. de Buffi. Au refte , un feul trait vous fera juger avec quelle fincérité de la part des Anglois , & quelle prudence de la nôtre , les négociations étoient conduites. Les deux

Cours & les deux Compagnies convinrent que M. Dupleix, Gouverneur de Pondichéry, & M. Saunders, Gouverneur de Madras, que les Anglois voulurent bien affecter de regarder comme son rival, seroient rappellés en même temps. Le Gouverneur de Pondichéry fut rappellé strictement. On ôta bien à M. Saunders le Gouvernement de Madras, mais il fut laissé dans l'Inde, en qualité de Commissaire ; & c'est lui qu'on a vu négocier, conclure, signer avec le nôtre ce fameux traité conditionnel, qui sera jugé par l'Histoire, & dont les tristes suites ont déja fait connoître ce qu'il faut penser. Quoi qu'il en soit, ce traité fut laissé pour regle de conduite à M. de Leyrit, que le feu Roi daigna nommer Gouverneur de Pondichéry, au lieu de M. Dupleix, sur la présentation de la Compagnie des Indes.

Le nouveau Gouverneur n'étoit pas homme à se déshonorer, lui & la Nation, par une lâche condescendance aux prétentions des Anglois. Leur ambition n'étoit pas encore satisfaite par le traité conditionnel ; ils formèrent des entreprises. Mon Oncle en écrivit à Lord Pigot, Gouverneur de Madras, se plaignit hautement, demanda satisfaction : Lord Pigot répondit. Les deux Conseils nommèrent des Commissaires ; & je vois par les Journaux du Gouverneur François, qu'il étoit très-mécontent de la correspondance du Gouverneur Anglois, & que la conférence n'aboutissoit à rien qu'à des reproches, à des injures, à des emportements mutuels. Mon Oncle craignoit même qu'on n'en vînt aux voies de fait : en un mot, tout annonçoit une rupture ouverte, prochaine, inévitable, entre les deux Colonies, au moment où l'on apprit que la guerre étoit déclarée entre les deux Couronnes.

Ici, MESSIEURS, je dois révéler une anecdote qui va servir à vous faire connoître l'ame franche & loyale de M. de Leyrit. La Compagnie étoit dans l'usage de faire passer par Pondichéry les vaisseaux destinés pour le Bengale. Il arriva que M. Dupleix, pressé par la nécessité où le mettoit la guerre, retarda une ou deux fois l'expédition de ces vaisseaux, & l'envoi des fonds qu'ils portoient à Chandernagor. Mon Oncle, Gouverneur de cette derniere Ville, & responsable de sa conduite, en France, écrivit, sans blâmer les opérations de M. Dupleix, que, si la Compagnie vouloit toujours recevoir du Bengale les mêmes cargaisons, il étoit nécessaire qu'elle prît d'autres mesures. Ses représentations furent accueillies ; & depuis, les vaisseaux du Bengale furent adressés directement à Chandernagor. Ce nouvel arrangement eut lieu jusqu'au rappel de M. Dupleix ; son ombre, que je révère, me pardonnera, si j'ose dire, qu'il en a paru indisposé contre mon Oncle : les Lettres de la Compagnie en font foi. M. Dupleix a cru sans doute (les plus belles ames se préviennent quelquefois) que M. de Leyrit, désigné son Successeur, vouloit le desservir : il se trompoit ; mais son erreur qu'il avoit trop manifestée, fit espérer qu'on trouveroit en mon Oncle un Censeur de la conduite, un Désapprobateur des principes de ce grand homme, si maladroitement sacrifié à la jalousie angloise. A peine M. de Leyrit fut-il arrivé à Pondichéry, que les dépêches du Gouvernement & de la Compagnie le pressèrent de s'expliquer sur *les guerres de M. Dupleix* : car c'eſt ainſi qu'on affeƈtoit de nommer une entrepriſe formellement approuvée par la Compagnie elle-même, en 1753. Mon Oncle répondit par les premières expéditions en termes généraux & très-réſervés ; obſervant, que, de Chandernagor, ſes repréſentations avoient trait ſeulement au commerce du Bengale, non à la politique de M. Dupleix ; il finit par demander du temps pour aſſeoir ſes idées ſur cette politique dont il avouoit que ſon arrivée toute récente à Pondichéry, ne lui permettoit pas encore de bien connoître les principes & les reſſorts. Nous étions en 1755. Au bout d'un an, c'eſt-à-dire, vers le milieu de 1756, le nouveau Gouverneur, éclairé par vingt mois d'expérience & de réflexion, & ſur-tout par ſa correſpondance avec M. de Buſſy, adréſſa aux Direƈteurs de la Compagnie un Mémoire, dans lequel, en s'appuyant ſur les motifs les plus ſenſibles & les plus approfondis, il rendoit complettement juſtice aux vues ſupérieures de M. Dupleix. Ce Mémoire, qui le croiroit? ce monument modeſte de la franchiſe d'un homme en place, aſſez généreux pour préférer la vérité à ſa propre gloire, devint la cauſe éloignée de tous nos déſaſtres dans l'Aſie : il déplut. Le parti étoit pris à la Compagnie des Indes de blâmer, de repouſſer tout ce qui portoit l'empreinte des idées de M. Dupleix. Le Conſeil de Pondichéry avoit demandé des troupes & de l'argent. On arrêta d'envoyer avec les troupes un Officier ſupérieur, qui fût en même temps Syndic de la Compagnie, Général de l'Armée, Commiſſaire du Roi; & l'arrivée de M. de Lally, fut la réponſe au Mémoire de mon Oncle, qu'on peignit à ſes yeux comme un homme trop prévenu des idées ambitieuſes de M. Dupleix. Malheureuſe réponſe! Arrivée déſaſtreuſe! Jour à jamais fatal ! O jour que devoient ſuivre en Aſie la honte de nos armes , & le renverſement de notre pavillon , la ſubverſion de nos Villes , l'anéantiſſement de notre commerce , la ruine & la diſperſion de cent mille Indiens , nos Alliés ou nos Sujets, l'oppreſſion , la miſere , la famine , la mort , l'abandon à l'ennemi pire que la mort , la captivité , l'expulſion de tous nos Concitoyens, je paſſerai ſous ſilence les intrigues funeſtes qui vous marquent dans nos annales, jour lamentable ! Mais qui m'empêchera de peindre , avec toute la force que l'honneur & la nature ajoutent à la vérité , les maux ſans nombre que vous avez produits ?....... Qui m'en empêchera, MESSIEURS? Un ſeul homme le pouvoit........ Mon Adverſaire .... s'il avoit mieux jugé de mon cœur....... Hélas! je ne ſuis pas ſon ennemi, je ne prends point plaiſir à rompre ſes efforts , à contriſter ſon ame ; je plaignois ſon âge , ſes malheurs , ſon aveuglement ; je reſpectois , ſans les examiner , les nœuds qui l'uniſſent à la cendre du Comte de Lally ; ces noms touchants de père & de fils adouciſ-ſoient mon ame indignée des brigues du parti qui s'étoit rallié autour de la tombe de l'ennemi cruel du frère de mon père ; & je venois , réſolu de ne pas ſacrifier l'honneur de ma famille , mais exempt de paſſions , montrer au Curateur à la mémoire du Comte de Lally, qu'il pouvoit remplir ce devoir , peut-être aſſez difficile , ſans offenſer les mânes de mon Oncle.

Ce fut , MESSIEURS , dans cet eſprit , que

j'écrivis la fommation qui fut fignifiée au fieur de Tolendal , le 7 Août dernier. Permettez - moi de vous lire cet Acte extrajudiciaire , par où commence la procédure.

» L'An mil fept cent foixante-dix-neuf , le fept Août ,
» à la requête de Meffire Jacques du Val d'Eprémefnil ,
» Chevalier , ancien Avocat du Roi au Châtelet ,
» Confeiller au Parlement , & Neveu par fon père de feu
» Meffire Georges du Val de Leyrit , Gouverneur pour
» le Roi des Ville & Fort de Pondichéry , Commandant-
» Général des Troupes Françoifes dans l'Inde , & Préfident
» du Confeil Supérieur y établi , demeurant ordinai-
» rement mondit fieur d'Eprémefnil à Paris , Place Ven-
» dôme , Paroiffe de S. Roch , & de préfent en cette
» Ville , en l'Hôtel de Madame d'Ectot , rue de la Croix-
» de-Fer , Paroiffe de S. Nicolas : pour lequel , domicile
» eft élu chez Me. Clerot , Procureur au Parlement de
» Normandie , demeurant à Rouen , rue Pincedos , Pa-
» roiffe de S. Godard ; j'ai , Nicolas-Laurent Houelle ,
» Sergent Royal , Huiffier de Police , Prifeur , Vendeur
» de Biens , reçu & immatriculé au Bailliage de Rouen ,
» y demeurant , rue Bouvreuil , Paroiffe de S. Laurent ,
» fouffigné , fommé & interpellé le fieur Trophime-Gérard
» de Lally-Tolendal , Capitaine de Cavalerie au Régi-
» ment des Cuiraffiers , nommé Curateur à la mémoire
» de Thomas-Arthur de Lally , par l'Arrêt de la Cour
» du Parlement de Normandie , du 21 Décembre 1778 ,
» de préfent à Rouen , en l'Hôtel du Cheval blanc , chez
» le fieur Quefnel , Fauxbourg & Paroiffe de S. Sever ,

» en parlant à la perſonne de M. de Lally-Tolendal,
» trouvé audit Hôtel du Cheval blanc , environ midi,
» de déclarer dans le jour , ſi ledit ſieur de Tolendal,
» entend ou non perſiſter dans les imputations que le
» feu ſieur de Lally s'eſt permiſes contre mondit feu
» ſieur de Leyrit , dans des Mémoires qu'il a produits
» au Parlement de Paris , & que ledit ſieur de Tolendal
» produit encore au Parlement de Normandie , s'il en
» faut croire la notoriété publique, ſous les titres ſuivants :
» *Mémoire pour le Comte de Lally* ; *Tableau hiſtorique de*
» *l'expédition de l'Inde* ; *Vraies cauſes de la perte de l'Inde :*
» déclarant mondit ſieur d'Eprémeſnil audit ſieur de
» Tolendal, que , paſſé cejourd'hui , il regardera le refus
» de répondre , les réponſes équivoques , ou le ſilence
» du ſieur de Tolendal , comme une adhéſion formelle, de
» la part de ce dernier , aux imputations dudit feu ſieur
» de Lally , & qu'il prendra , en conſéquence , le parti
» que l'honneur lui preſcrit , & que les Loix lui per-
» mettent ; à laquelle fin , délivré Exploit , &c.

Vous le voyez , MESSIEURS : dans cette ſom-
mation , que la Loi ne me demandoit pas , je m'abſtenois
d'énoncer aucune idée , d'employer aucune expreſſion
qui pût alarmer la délicateſſe du Défenſeur de la mémoire
du Comte de Lally. Pas un mot ne s'y trouve, duquel
on ait pu induire , que j'entendois accuſer ce Général de
trahiſon envers l'Etat , & de calomnie envers mon Oncle.
Les imputations, dont je demandois le déſaveu , n'y ſont
pas déſignées par la moindre qualification , non pas
même traitées d'injurieuſes. Je n'y préſente point les
Mémoires

Mémoires du Comte de Lally , comme fon ouvrage perfonnel ; & par là fur-tout , je laiffois à fon Défenfeur la liberté de me les abandonner honorablement , en ce qui touchoit le frère de mon père. Il eft vrai que la réponfe eft demandée dans vingt-quatre heures : le terme eft court ; mais j'avois de bonnes raifons pour ne pas le prolonger. Il étoit effentiel que mon Adverfaire ne pût prendre confeil que de lui-même , ou des Jurifconfultes qui le dirigent dans cette Capitale. S'agiffoit - il de dire la vérité ? Mon Adverfaire la connoît bien. Depuis le temps qu'il confacre fes jours à l'étude de ce fameux Procès , il doit être en état de répondre fans héfiter , s'il croit mon Oncle innocent ou coupable ; il n'avoit pas befoin de vingt-quatre heures pour produire cette réponfe. S'agiffoit - il de dire la vérité d'une manière , qui ne compromît point la défenfe du Comte de Lally ? Les Confeils de mon Adverfaire auront vu , d'un coup d'œil , fi la tournure étoit poffible ou non ; ils n'avoient pas befoin de vingt-quatre heures pour la trouver & l'employer. En un mot , l'intérêt de ma Caufe demandoit de l'activité , mon état m'impofoit de la modération , mon cœur me l'infpiroit ; j'ai tâché d'accorder , dans un procédé purement volontaire de ma part , l'intérêt de ma Caufe , mon état & mon cœur. Mais Paris n'eft qu'à trente lieues ; je n'ai pas cru devoir mettre au hazard , par un délai plus long , l'exiftence de mon intervention.

Mes foins ont réuffi , MESSIEURS : ma Requête a vu le jour : j'ai le bonheur de vous avoir pour Juges ; j'y travaillois par mes précautions ; mon Adverfaire l'a

D

décidé par son silence. Deux jours se sont écoulés, sans réponse à ma sommation : elle est du 7 Août ; mon intervention est du 9. Il est temps de mettre sous vos yeux l'Acte motivé qui la renferme.

A NOSSEIGNEURS

DU PARLEMENT,

La Grand'Chambre assemblée.

» Supplie humblement Jacques du Val d'Eprémesnil, » &c.

» Disant que le feu sieur Thomas-Arthur, Comte
» de Lally, Commissaire du Roi, & Général de ses
» Troupes dans l'Inde, accusé par M. le Procureur-
» Général, de trahison envers le Roi, & d'autres crimes,
» avoit imaginé, pour sa défense, de partager la Colonie
» entière en deux classes ; l'une composée dudit feu sieur
» de Lally, & de ses Coaccusés ; l'autre du surplus des
» Défenseurs & Administrateurs de cette Colonie, depuis
» le Comte d'Aché, Commandant de la Marine, & le
» sieur de Leyrit, Gouverneur de Pondichéry, jusqu'au
» dernier des Employés de la Compagnie ;

» Que cette seconde classe a été présentée à la Justice
» par le sieur de Lally, comme un ramas d'hommes,
» indifférents au salut de nos possessions, délateurs,
» imposteurs, faux témoins, traîtres, rebelles, conjurés

» pour la ruine de Pondichéry , & la perte du Général ,
» tandis que la probité , le zéle , le défintéreffement &
» le patriotifme s’étoient refugiés dans la premiere claffe ,
» c’eft-à-dire , dans le cœur du Comte de Lally , & des
» Coaccufés ;

» Que celui contre lequel le fieur de Lally s’eft le
» plus acharné dans fes Mémoires, a été le fieur de Leyrit ,
» Oncle du Suppliant ;

» Qu’il a imputé à ce Gouverneur les deux principales
» caufes de la deftruction de nos Colonies dans l’Inde :
» *la diffipation des fonds , & le défaut d’approvifionnement*
» *de Pondichéry ;*

» Que dans les obfervations générales de fon premier
» Mémoire , le Comte de Lally a ofé dire , *que le*
» *Gouverneur de Pondichéry retiroit de la Ferme - générale*
» *des terres , les plus grands bénéfices , indépendamment des*
» *baux relatifs à des Domaines particuliers ; que fur les*
» *fournitures des bœufs , le fieur de Leyrit gratifioit les*
» *Entrepreneurs d’un bénéfice de deux cent pour cent ; que lorf-*
» *que le Comte de Lally a entrepris d’arrêter les profufions du*
» *fieur de Leyrit , il a toujours éprouvé de fa part les plus*
» *vives contradictions ; & que ce Gouverneur , loin de*
» *réformer des abus évidemment contraires au bien du fervice ,*
» *n’a employé l’autorité dont il étoit dépofitaire , qu’à*
» *fomenter des cabales , & à foulever tous les efprits de la*
» *Colonie , fpécialement des Militaires contre leur Comman-*
» *dant ; que depuis la guerre déclarée , le fieur de Leyrit*
» *n’avoit pas fait plus de difpofitions pour la défenfe de la*
» *Place , que pour s’emparer de celles des Ennemis ; que le*
» *Gouverneur faifoit faire dans d’autres poftes peu importants*

Mémoire pour le Com-
te de Lally ,
pag. 12, 15,
16, 34, 36.

D 2

» de nouveaux ouvrages , qui avoient procuré aux Entrepre-
» neurs , Ingénieurs , & Commandants, des gains énormes ;
» qu'on s'inquiétoit peu d'impofer des charges à la Compa-
» gnie , lorfque les Employés en retiroient un profit perfonnel ;
» que c'étoit la réunion de ces abus & de ces défordres ,
» qui avoit privé la Colonie des reffources les plus indifpen-
» fables pour fa confervation & fa défenfe ; qu'on n'avoit
» pas pris , avant l'arrivée du Général , la plus légère
» précaution pour affurer la fubfiftance de Pondichéry ; & que
» toutes fes inftances fur un article auffi effentiel , étoient
» demeurées fans effet.

 » Ces reproches de diffipation , de cupidité , de
» négligence criminelle , d'intrigue , de manœuvre , de
» conjuration , de rebellion , reparoiffent à chaque page ,
» pour ainfi dire , des Mémoires du feu Comte de Lally.

<table>
<tr><td>Mémoire
du Comte de
Lally , p. 47.</td><td>» S'il a pris Gondelour & Saint-David , il n'a pas
» tenu au fieur de Leyrit d'empêcher cette expédition ; on
» ne peut lire avec attention la correfpondance du Général
» & du Gouverneur , fans être indigné du nombre infini
» d'obftacles que le Comte de Lally fut obligé de furmonter :
» il fe voyoit arrêté , pour ainfi dire , à chaque pas, par
» la difette de toute efpèce d'approvifionnements.</td></tr>
<tr><td>Idem , p. 63.</td><td>» S'il s'eft porté fur le Tanjaour , c'eft par l'effet des
» infinuations artificieufes du fieur de Leyrit.</td></tr>
<tr><td>Idem , p. 89.</td><td>» S'il a laiffé aux Anglois Chinguelpet , Fort fitué à 13
» lieues d'Arcatte , fur le Palear , c'eft par le refus affecté
» de la part du Gouverneur & du Confeil d'une modique
» fomme de dix mille roupies.</td></tr>
<tr><td>Idem , p. 98.</td><td>» Si la difette étoit extrême, cela n'empêchoit pas que
» le Gouverneur n'eût reçu , partagé , & diffipé cinq millions,</td></tr>
</table>

» S'il a manqué Madras , *c'est que le Gouverneur abusoit* Idem, p. 111.
» *de ses Lettres pour aigrir & soulever contre lui tous les*
» *esprits.*

» *Pendant qu'il se livroit à des travaux continuels , pour* Idem, p. 117.
» *la sûreté de la Colonie , le Gouverneur autorisoit les plus*
» *grands désordres dans l'administration.*

» *Ce même Gouverneur , qui ne pouvoit ignorer les besoins* Mémoire du Comte de Lally , pag. 118 & 119.
» *pressants de la Colonie , signoit une quantité énorme de*
» *Lettres de change sur la Compagnie , & même en pressoit*
» *l'envoi. Indépendamment des avantages que le sieur de*
» *Leyrit & ses Protégés tiroient du remboursement prompt*
» *de leurs créances , le monopole des Billets de caisse leur*
» *procuroit des bénéfices considérables.*

» Mazulipatam est pris : *c'est la faute du Gouverneur*
» *& du Conseil , que le Comte de Lally somme authenti-*
» *quement, mais inutilement , de contraindre le sieur Moracin*
» *d'y retourner.*

» Les troupes se révoltent: *le Gouverneur & le Conseil* Idem, p. 140.
» *n'offrent pas au Général la plus légère avance , quoiqu'ils*
» *fussent nantis de plus de 800 mille liv. apportées par*
» *le Comte d'Aché , tant en piastres , qu'en diamants : deux*
» *mille roupies sont prêtées par un habitant de Pondichéry ;*
» *cette action lui fait encourir la disgrace du Gouverneur.*

» Pondichéry est menacé : *il s'agissoit de l'approvi-* Idem, p. 177.
» *sionner ; le Gouverneur & le Conseil n'ont jamais con-*
» *tribué de la plus petite somme aux avances que cet appro-*
» *visionnement exigeoit.*

» Le sieur de Lally veut traiter avec les Mayssouriens ;
» *le Conseil les en détourne par ses insinuations.* Idem , p. 178 & 179.

» Le sieur de Lally veut lever une taxe de 30,000 rou-

Idem, p. 190. » pies fur des Négociants : *il faut s'en prendre au refus* » *du fieur de Leyrit & du Confeil de faire fubfifter la* » *garnifon.*

» Le falut de Pondichéry exigeoit des mefures promptes : » *le fieur de Leyrit refufe d'y concourir. Le fieur de Lally,* » *épuife inutilement auprès des membres du Confeil, les* » *follicitations, les prières, les larmes même, pour tâcher* » *de les émouvoir fur l'état de Pondichéry.*

Mémoire du Comte de Lally, depuis la page 209, jufqu'à la p. 219. » Enfin, Pondichéry eft affamé, réduit à la derniere » extrémité : il faut fonger à fe rendre : *le fieur de Lally* » *demande que le Confeil s'occupe d'une capitulation, qui* » *concerne le civil auffi bien que le militaire ; le fieur de* » *Leyrit élude, s'y refufe, s'y prend trop tard, & ne* » *tendoit à rien moins, lui & le Confeil, par leur conduite* » *artificieufe, qu'à rendre dans tous les cas le Comte de* » *Lally refponfable de la perte de Pondichéry.*

» Et pour mettre le fceau à toutes ces imputations, » le fieur de Lally accufe le Confeil, le fieur de Leyrit » en tête, de l'avoir calomnié, en difant, *qu'il n'avoit* » *pas fait de capitulation pour Pondichéry, quoiqu'il pro-* » *duife une capitulation pour Pondichéry.* Le Suppliant » eftime que le Curateur à la mémoire du Comte de » Lally ne l'obligera pas à difcuter, à définir, à dé- » voiler publiquement cette prétendue capitulation.

» Tel eft, NOSSEIGNEURS, le précis, l'idée » des imputations injurieufes au feu fieur de Leyrit, » que le feu fieur de Lally s'eft permifes dans fon » premier Mémoire, & qu'il a répétées *dans le Tableau* » *hiftorique ; le Réfumé de la capitulation ; les Vraies* » *caufes de la perte de l'Inde,* nouveaux libelles, dont le

» Suppliant s'abftiendra de mettre les Extraits fous
» vos yeux : il faudroit , pour ainfi dire , en copier
» toutes les pages , pour en faire connoître toutes
» les indignités ; le Suppliant fe contentera de les joindre
» à fa Requête.

» Quand le fieur de Lally a publié ces Mémoires ,
» le fieur de Leyrit n'étoit plus pour fe défendre.

» Victime des chagrins dont le fieur de Lally l'avoit
» abreuvé , il étoit mort, en recommandant aux fiens
» de ne publier pour fa mémoire rien autre chofe que
» fa correfpondance avec le Général.

» Fidèles à fes dernières volontés , fon frère & fon
» neveu n'ont en effet rien oppofé aux calomnies du Comte
» de Lally , que cette correfpondance. On leur confeilloit
» de rendre plainte ; ils s'en font abftenus , fe faifant une
» peine d'accabler le calomniateur par leur intervention.

» Cette conduite modérée n'a point nui à l'honneur
» de leur parent : le même Arrêt a condamné le Comte
» de Lally à perdre la tête , & fupprimé tous fes
» Mémoires , comme contenant des faits faux &
» calomnieux.

» La mémoire du feu fieur de Leyrit étoit fatisfaite ;
» mais au bout de 13 années, on a vu cet Arrêt mé-
» morable attaqué en caffation. Les parents du Gouverneur
» de Pondichéry n'ayant point été Parties au Parlement ,
» n'ont pas pu être entendus au Confeil. La Requête
» a prévalu , les chofes & les perfonnes font remifes
» au même état qu'en 1766. Le frère du fieur de Leyrit
» eft mort ; fon neveu furvit : c'eft le Suppliant, dont
» la vie eft confacrée jufqu'au dernier foupir , à repouffer

» les calomnies qui renaiſſent du tombeau du Comte de
» Lally.

» Ce devoir indiſpenſable, il vient, NOSSEIGNEURS,
» le remplir avec une confiance reſpectueuſe ; inſtruit
» que le ſieur de Tolendal a produit en la Cour tous
» les libelles du feu ſieur de Lally ; qu'il ſe prépare à
» publier de nouveaux Mémoires ; jaloux de repouſſer
» & prévenir la calomnie, le Suppliant pouvoit-il ſe
» diſpenſer d'accourir, de paroître, de demander juſtice ?
» Toutefois, il a cru devoir la demander auparavant
» au ſieur de Tolendal lui-même ; par acte extrajudiciaire
» du 7 de ce mois, le Suppliant a fait ſommer le
» Curateur à la mémoire du Comte de Lally de déclarer
» dans le jour, s'il entendoit, ou non, perſiſter dans
» les imputations de ce Général, contre le ſieur de
» Leyrit : déclarant de ſon côté le Suppliant au ſieur
» de Tolendal, qu'il regardera le refus de répondre,
» les réponſes équivoques, ou le ſilence dudit ſieur de
» Tolendal, comme une adhéſion formelle de ſa part
» aux imputations du feu ſieur de Lally, & qu'il prendra
» en conſéquence le parti que l'honneur lui preſcrit, &
» que les Loix lui permettent.

» Le délai eſt expiré, le ſieur de Tolendal n'a pas
» fait de réponſe ; le parti qui reſte à prendre au Sup-
» pliant n'eſt pas douteux ; il évitoit le combat, mais
» on l'y force ; il reſpectoit la nature juſques dans ſes
» écarts : on la mépriſe en lui ; il eût préféré, fera-t-il
» cet aveu ? il eût préféré en quelque ſorte la paix à la
» vérité, en gardant le ſilence ; on ne veut avec lui,
» ni la vérité, ni la paix. Le Suppliant n'a plus de
» reſſource

» reſſource qu'en la Juſtice : c'eſt elle qu'il implore ;
» c'eſt d'elle ſeule qu'il attend déſormais, & ſon honneur,
» & ſon repos.

» CE CONSIDÉRÉ, NOSSEIGNEURS, il vous plaiſe
» recevoir le Suppliant Partie intervenante dans l'Inſtance
» pendante en la Cour, entre M. le Procureur-Général,
» & le ſieur Trophime-Gérard de Lally-Tolendal, nommé
» Curateur à la mémoire de Thomas-Arthur de Lally,
» par l'Arrêt de la Cour, du 21 Décembre 1778 , &
» autres Parties ; ce faiſant, joindre la préſente inter-
» vention au principal , diſtribué au rapport de M.
» Mouchard , pour y être fait droit par un ſeul &
» même Arrêt : faiſant droit ſur ladite intervention ,
» ordonner que les Mémoires du feu ſieur de Lally ,
» intitulés : *Mémoires pour le Comte de Lally* ; *Tableau*
» *hiſtorique de l'expédition de l'Inde* ; *Réſumé de la capi-*
» *tulation de Pondichéry* ; *Vraies cauſes de la perte de l'Inde* ,
» ſeront & demeureront ſupprimés , comme faux &
» calomnieux , en ce qui touche la mémoire dudit feu
» ſieur de Leyrit ; ordonner en outre, que, pour valoir
» de plus ample réparation, l'Arrêt à intervenir ſera
» imprimé & affiché par-tout où beſoin ſera, aux frais &
» dépens dudit ſieur de Tolendal ; condamner ledit ſieur
» de Tolendal , en la qualité qu'il procède , aux dépens;
» donner acte au Suppliant de ce qu'il emploie pour
» moyens de la préſente Requête, 1°. à l'effet d'établir le
» fait de la calomnie, les Mémoires du feu ſieur de Lally ,
» énoncés plus haut ; 2°. à l'effet d'opérer la réfutation
» de ces Mémoires, la correſpondance du feu ſieur de

» Lally avec le feu fieur de Leyrit , dans l'Inde : Et
» vous ferez juſtice «.

Telle eſt, MESSIEURS , ma Requête d'intervention.
Vous l'avez renvoyée à l'Audience ; c'étoit m'en dire
aſſez. Je bénis votre juſtice , je bénis votre fermeté ,
je remplirai , s'il m'eſt poſſible , la tâche glorieuſe qu'elle
m'impoſe. Ces conteſtations étoient dignes en effet du
plus grand jour. Au reſte , le plan de ma défenſe ſe
montroit à découvert dans ma Requête. On a bien pu
juger de mes moyens ; la Cour a vu mes procédés.
Voyons ce qu'a fait mon Adverſaire.

Il n'avoit , ce me ſemble , que deux partis à prendre:
le premier étoit d'honorer l'innocence , de parler à mon
cœur , & de me dire : » Pourquoi venez - vous me
» traverſer ? Vous ne cherchez pas à me nuire , ſans
» doute. Un fils , qui défend ſon père , devroit vous
» intéreſſer , même s'il ſe trompoit. Il eſt vrai que les
» Mémoires du mien ſont offenſants pour l'honneur de
» votre Oncle ; mais êtes-vous bien ſûr que ces Mé-
» moires ſoient l'ouvrage perſonnel de mon malheureux
» père ? Pour moi , je ne le crois pas : & ma raiſon eſt,
» que mon père n'avoit pas beſoin d'accuſer votre
» Oncle pour ſe défendre. En accuſant votre Oncle, mon
» père a cédé à ſes conſeils ; mais moi, dont la vie &
» l'honneur ne ſont pas en péril , moi que la piété filiale
» éclaire, je ne vois pas les choſes du même œil. Je
» vous déclare donc que je tiens mon père pour innocent,
» & le frère du vôtre pour irreprochable ; c'eſt ainſi que
» ma voix , pure de toute offenſe , fait allier les intérêts

» de la nature, & les droits de la vérité....... Vous ,
» pénétré des mêmes intérêts, vous , animé des mêmes
» fentiments , mais que doit fatisfaire ma déclaration,
» laiffez-moi tout entier à mes devoirs douloureux , &
» ceffez d'ajouter des entraves au trifte rôle d'un fils
» religieux , mais jufte , qui cherche à rétablir la gloire
» de fon fang , non à fouiller la pureté du vôtre «.

Voilà , MESSIEURS , ce que mon Adverfaire auroit
pu me dire. J'ofe en effet le demander , oui, j'ofe ,
devant vous , en attefter tous les amis du véritable
honneur : quel eût été l'inconvénient de cette déclaration ?
Qu'eût-elle renfermé qu'un homme fage ne pût pas
dire , qu'un homme de cœur ne pût pas avouer ? Quant
à moi , comme je l'aurois faite , je l'attendois : & le
Ciel m'eft témoin , mes amis le favent , d'autres que
mes amis l'ont entendu , je l'ai dit affez haut , je l'ai
dit affez fouvent , on a pu le redire à mon Adverfaire,
s'il eût fait cette réponfe à ma fommation , je ne pré-
fentois point ma Requête ; s'il eût fait cette réponfe
à ma Requête, j'abandonnois mon intervention , & je
me dévouois fur toute cette affaire au plus profond
filence. O Patrie ! ton feul intérêt m'eût empêché de
former des vœux fecrets pour le Défenfeur du Comte
de Lally. Mais pardonne , fi j'avoue en ce moment que
l'honorable & loyal défaveu du jeune athlète que je
venois combattre , ne m'eût pas laiffé voir fans émotion
les dangers de fa Caufe , & les efforts de fon courage !
Car enfin , MESSIEURS , qu'il eft beau d'écarter fon
Adverfaire par le feul pouvoir de l'honneur ! Que la
franchife a de vrais charmes ! Le parti qu'elle infpire

eft toujours le plus noble , le plus touchant , & le plus fûr ; il eft en même temps le plus naturel & le plus fimple. Comment mon Adverfaire ne l'a-t-il pas vu ? Vous ferai-je part d'une idée qui me faifit ? Je fuis perfuadé qu'il a penfé à faire la déclaration dont j'ai propofé l'efquiffe. Je maintiens que cette infpiration l'a pourfuivi. Il eft jeune , il eft fenfible ; fon ame, naturellement fière , eft encore élevée par l'image de fes devoirs , & le fouvenir de fes fuccès. A fon âge , dans fa pofition , le fentiment éclaire , l'amour de la vérité tient lieu de prudence , une action généreufe attire , entraîne , force l'affentiment. Qui l'en a diffuadé ? Je ne cherche point à le favoir. Mais enfin , ce parti , refpectueux pour la mémoire de fon père , néceffaire pour celle de mon Oncle , que la vérité dictoit, que la nature & la délicateffe n'auroient pas défapprouvé , mon Adverfaire , MESSIEURS , ne l'a point pris.

Il s'en offroit un autre , moins fûr , à la vérité , mais ferme , mais ouvert , mais impofant : injufte , mais paré des couleurs de la franchife & du courage ; c'étoit de perfifter dans les imputations du Comte de Lally , d'effayer fur mon ame l'effet de cette incroyable témérité ; en un mot , de dénoncer mon Oncle une feconde fois , à la Juftice , à la poftérité , comme le véritable auteur des malheurs de l'Inde Françoife. J'avoue que , par cette imprudence , mon Adverfaire fe jettoit dans l'abyme ; mais du moins il s'y jettoit de bonne grace , & s'y jettoit avec fon père. Pour moi , MESSIEURS , je m'y préfente. Vous favez mieux que moi , mon Adverfaire n'ignore pas fans doute , que la Loi ne permet pas d'inquiéter au bout de cinq ans les mânes d'un Citoyen décédé dans fon état ; c'eſt un droit interdit au Miniſtère public lui-même : Eh bien ! je renonce à cet avantage , & voici ma déclaration bien réfléchie. Si mon Adverſaire ſoutient que les preuves du moindre des délits imputés à mon Oncle exiſtent, je lui permets de les produire , & je conſens que M. le Procureur-Général en faſſe uſage , ſinon , pour accuſer mon Oncle , ce qui ne ſeroit pas régulier , du moins pour le faire connoître & me démaſquer , ce qui devient très-juſte. En effet , ou mon Oncle étoit réellement un homme vertueux, ou je ſuis , moi , le plus audacieux des hommes , d'abuſer de la loi des cinq ans , pour le proclamer irreprochable , ſachant qu'il ne l'étoit pas. Il faudroit m'en punir , il faudroit me confondre , j'aurois tort d'en murmurer, mes plaintes ſeroient trop malhonnêtes pour être écoutées. Je ne dirai plus que deux mots à ce ſujet. Le Comte de Lally a dit dans ſes Mémoires , à chaque page , que mon Oncle avoit perdu Pondichéry ; le Défenſeur du Comte de Lally répète que mon Oncle a perdu Pondichéry. Je prétends cette allégation , calomnieuſe : il eſt de mon devoir de l'anéantir : il eſt d'un homme juſte de la prouver, ou de la rétracter. Voilà mes deux mots.

Mon Adverſaire , MESSIEURS , ne veut dire ni l'un ni l'autre. On m'aſſuroit qu'il devoit prendre un troiſième parti : celui de ſoutenir mon action preſcrite, & moi, non-recevable. J'avois peine à le croire. Lui-même me l'a confirmé hier , au Parquet , en préſence du Ministère public. Que je fus étonné ! Mon action prescrite , quand la calomnie ne l'est pas ! Non-recevable à me défendre , quand on ne l'est pas à me déshonorer ! Mon intervention irrégulière ! Et pourquoi ? J'attendrai vos moyens. Mais quand cela seroit , aurez-vous bien le courage de le plaider ? Quoi ! un défaut de forme , qui n'existe pas , & qui seroit d'ailleurs si facile à réparer , voilà donc votre espérance , voilà le retranchement de votre Cause ! Y pensez-vous , dans une affaire , où se discutent d'aussi grands intérêts , dans une affaire dont l'honneur est l'ame, d'employer des subtilités , des fins de non-recevoir? Je l'avouerai , MESSIEURS , ce troisième parti ne m'étoit pas venu dans l'idée. Il faudra que je l'entende encore pour que j'y croie. J'honore assez mon Adversaire pour ne pas prévenir une telle défense , & même j'en ai trop fait ; je me repens de l'avoir annoncée.

Ce système en effet répondroit-il à l'éclat avec lequel le Défenseur du Comte de Lally s'est montré jusqu'à présent ? Cette marche irrésolue seroit-elle d'un homme pénétré des sentiments qu'il exprime ? Tant que vous n'avez personne en tête , vous dites , vous imprimez , que votre père est mort innocent, vous rejettez ses fautes sur tout le monde, vous défiez le genre humain , l'Europe retentit de vos clameurs. Il se présente à la fin un Adversaire , l'Héritier , le Neveu de celui que votre père a le plus cruellement & le plus constamment outragé dans ses Mémoires , que vous reproduisez ; cet homme vient vous dire : Votre père, mort innocent , selon vous , a , sur les mêmes faits dont il vouloit se disculper , calomnié mon Oncle.......... & vous n'osez pas me soutenir le contraire ? Et vous croyez , en abuſant des formes , échapper à mes pourſuites ? Non , non , j'inſiſte , je vous preſſe ; je fais une remarque , qui doit frapper les eſprits non prévenus , & peut inquiéter vos Conſeils eux-mêmes : c'eſt que l'innocence d'un homme , qui s'eſt défendu ſur tous les chefs d'accuſation par des calomnies préméditées , que ſon repréſentant ne veut ni ſoutenir, ni déſavouer , eſt bien ſuſpecte ! Penſez-y bien : éluder mes inſtances , c'eſt compromettre la mémoire de votre père ! Peut-être auſſi ne plus les éluder, c'eſt encore la compromettre ! Je le fais , j'en conviens, vous êtes ſerré de près , & ce n'eſt pas ma faute , vous avez trop tardé......... Mais je vous prie de croire que la verité ſeule me fera quitter mon poſte. Pour vous, dont la voix incertaine refuſe de s'expliquer , quel eſt donc ce changement ? N'êtes-vous plus le Défenſeur de l'innocence la moins équivoque ? N'êtes - vous plus l'effroi de tous ces faux Témoins acharnés à la mort de votre père ? Croyez-vous que les mânes du Comte de Lally applaudiront à vos incertitudes ? Les accents de la nature ont-ils perdu de leur pouvoir ſur votre cœur ? Et l'ombre de mon Oncle eſt-elle ſi terrible ? N'êtes-vous plus celui qui *prenoit le Public , impartial, éclairé , vertueux, pour Témoin, & pour Juge des efforts d'un fils , réſolu de venger , à quelque prix que ce fût, ſon père égorgé ?*

C'eſt ainſi , MESSIEURS, que mon Adverſaire s'eſt exprimé dans une Lettre que j'ai déja citée ; je ne récuſerai point le Tribunal qu'il implore. Le Public en effet eſt bien intéreſſé au grand événement qui ſe prépare. Ses droits , Monſieur, ſes droits les plus eſſentiels ſont

compromis par vos attaques. Vous l'invoquez, je l'invoque
à mon tour ; vous l'atteftez dans les Journaux ; & moi
je fuis venu l'attefter à l'Audience ; vous lui demandez
de l'intérêt , des larmes ; & moi , je lui demande , de
la raifon , de la juftice , du patriotifme, & du courage ;
vous n'y cherchiez que des Lecteurs ; & moi , j'y réclame
des Juges : il vous convenoit de les choifir , vos Juges :
fans moi, peut-être , vous auriez réuffi ; & moi , je les
prendrois volontiers au hazard , dans ce Public que je
refpecte affez pour dire devant lui-même , qu'il ne faut
pas confondre fes principes & fes affections , fes intentions & fes jugements. Ses principes font toujours purs :
fes affections peuvent être entraînées ; fes intentions font
toujours droites : fes jugements peuvent ne pas l'être ;
on peut le prévenir ; mais il ne tient point à fes erreurs :
il n'aime que la Loi, il ne veut que la vérité , la juftice
eft fon idole ; & fes décifions, qui réuniffent l'erreur &
l'impartialité , quand il eft mal inftruit , font de vrais
Oracles , pourvu qu'il examine , & ne foit pas trompé.....
Il va ceffer de l'être. Le voilà ce Public , nous fommes
en fa préfence : que j'aime à le voir affemblé ! C'eft à
lui-même que je m'adreffe : c'eft à la Nation , dignement
repréfentée par tous ceux qui m'écoutent, que je défère,
fous les aufpices de la Loi , aux pieds de fes Miniftres ,
cette fameufe Lettre adreffée par vous au Comte de
Vergennes , inférée au Courier de l'Europe , & pour
laquelle on ne prévoyoit pas le commentaire d'un
Citoyen véridique , entouré d'hommes libres , devant
des Magiftrats intègres. Elle contient , MESSIEURS
des principes que je dois éclaircir , des faits que je dois
réfuter ,

réfuter, des défis auxquels je dois répondre. C'eſt par où je termine. Lıſons d'abord celle d'envoi.

Au Rédacteur du Courier de l'Europe.

Paris , 1er. Juillet 1778.

» D'après l'intérêt , Monſieur , avec lequel vous avez » bien voulu recueillir & peindre tous les détails du plus » beau jour de ma vie , mais qui malheureuſement en » rappelle un , le plus cruel , qu'un homme puiſſe » éprouver , vous ne ſerez pas ſurpris , que je m'adreſſe à » vous avec confiance , pour rendre publique la Lettre » que je viens d'écrire à Monſieur le Comte de Vergennes , » ſur un article de la Gazette des Pays-Bas , du 21 Juin » dernier. Je ſens bien que cette Lettre eſt un peu longue , » & qu'il eſt abſolument impoſſible de la diviſer. Mais » j'ai cru que , malgré cette difficulté , elle pourroit , vu » ſon objet , trouver place dans des Feuilles caractériſées » conſtamment par l'honnêteté , par la vérité , & par » l'envie de concourir ſans ceſſe au triomphe de la juſtice » & de l'humanité.

» J'ai l'honneur d'être ,

(*Signé*) LALLY-TOLENDAL.

Voici , MESSIEURS, la Lettre au Comte de Vergennes. C'eſt elle que je vais paraphraſer.

MONSIEUR LE COMTE ,

J'ai recours à votre autorité , & je réclame votre juſtice contre une manœuvre , qui excitera ſûrement votre indigna-

F

tion , auffi-tôt qu'elle fera connue de vous........... Mon Adverfaire a raifon : de pareilles manœuvres font très-criminelles. Les Journaliftes qui s'y prêtent , méritent l'indignation publique. Nous verrons , fur ce principe , ce qu'il faut penfer du Courier de l'Europe........Continuons...........

Lorfque j'ai entrepris de remplir le devoir le plus facré que la nature puiffe impofer à un homme , de manifefter l'innocence , de venger la mort de mon malheureux père..... manifefter fon innocence ! l'entreprife eft hardie : **vos moyens encore plus.... La douleur vous emporte dans vos Ecrits ; la vérité eft au Procès...... Venger fa mort ! Et fur qui ? Sur les Témoins ? Rendez plainte contr'eux : mais rendez-la contre eux tous : car ils ont tous chargé le Comte de Lally. Sur les Juges ? Prenez-les à partie ; mais prenez-les tous : car ils ont condamné tout d'une voix le Comte de Lally...... Vous n'ofez pas les attaquer...... Je le crois bien........ Mais pourquoi donc ofez-vous les outrager publiquement ? Soyez du moins conféquent dans vos accufations , puifque vous l'êtes fi peu dans vos démarches..... Vous accufez indiftinctement les Témoins & les Juges...... Et moi je vous obferve qu'il faut choifir..... Vous dites que les Témoins ont calomni‹ le Comte de Lally , & que les Juges l'ont égorgé..... Mais fi les Témoins ont calomnié , ils ont chargé le Comte de Lally ; s'ils l'ont chargé , la preuve étoit acquife ; fi la preuve étoit acquife , les Juges ont dû prononcer comme ils ont fait : à moins que vous n'alliez jufqu'à dire , que le parjure étoit fenfible ; que la fubornation fautoit aux yeux , & que les Juges l'ont fciemment accueillie , &**

peut-être excitée , pour le plaifir de commettre un affaffinat juridique..... Ce qui renfermeroit , comme on le voit, une fuite de fuppofitions affez raifonnables..... Je pourfuis.....

Lorfque j'ai entrepris de remplir le devoir le plus facré que la nature puiffe impofer à un homme , de manifefter l'innocence , de venger la mort de mon malheureux père ; ENFIN de rendre l'honneur à celui de qui je tiens le jour , je m'attendois bien que les reftes de la cabale qui l'a conduit a l'échaffaud , vomiroient contre lui les mêmes horreurs que cette cabale avoit vomies contre lui vivant , après être parvenue à lui enlever tout moyen de défenfe..... Un homme dont le Procès a duré plus de deux ans ! Un homme qui produit trois volumes de Mémoires , rédigés & fignés d'un Jurifconfulte qu'il a choifi , n'a point été défendu !.......... Il faut avoir les yeux fur de pareils reproches, pour croire qu'ils exiftent..... Mais vous parlez toujours d'horreurs & de cabales ?...... Montrez - nous donc cette cabale ? Prouvez-nous ces horreurs ?..... Les Lettres de mon Oncle font - elles des horreurs ? Le Mémoire du Comte d'Aché eft-il une horreur ? Ceux du Chevalier de Soupire , du Marquis de Buffy font-ils des horreurs ?...... Je vous déclare que je n'ai jamais lu , que je n'ai pas voulu lire , qu'en un mot je ne connois pas encore l'article de la Gazette des Pays-Bas , qui vous fait crier fi haut. Mais de bonne foi , croyez-vous que toute la Colonie fe foit raffemblée pour la compofition & l'envoi de cet article ? A qui le perfuaderez-vous ? Ces petites manœuvres , quand on veut y réuffir , exigent le fecret , l'obfcurité. Tout le monde n'a pas les mêmes facilités pour difpofer publiquement contre les importuns d'une feuille dans les Journaux.

Je m'attendois bien, qu'objet de leur terreur, je deviendrois celui de leur haine & de leurs calomnies.....

Et moi, MESSIEURS, je me crois autorifé à dire que cette phrafe ne peut me concerner dans aucune de fes parties.

Je m'attendois à des Ecrits anonymes, à des Libelles, à toutes ces productions ténébreufes qui, dans tous les temps, ont été les armes du menfonge, & la reffource de la baffeffe. Je les avois claffés d'avance avec ce Libelle anonyme, trouvé parmi les tréfors d'un Moine millionnaire, & qui a fervi de fondement au Procès criminel intenté contre mon père : avec ces quatre autres Libelles apportés à la Juftice, par quatre Témoins dénonciateurs, lus par eux, tranfcrits par elle, intitulés d'abord au Procès Dépofitions, puis transformés en Plaintes, puis redevenus Dépofitions. Enfin avec tous ces Libelles, qui ont été ou le modèle, ou la copie, ou l'extrait, ou la paraphrafe des cinq premiers, & qui, pour employer les termes facramentaux confacrés dans le Procès de mon père, ont formé la maffe & l'enfemble de ce funefte Procès..... Je parlerai, MESSIEURS, quand il en fera temps, de ces termes facramentaux, qu'on affecte de ne pas entendre, comme fi la fouveraine injuftice ne feroit pas de juger un Général d'armée, l'Adminiftrateur d'une Colonie, fur un ou deux faits ifolés, & non pas fur fa conduite entière, chaque jour, à chaque pas, à chaque pofte, en toute occafion! Comme fi, négliger fciemment toute efpèce de précaution, tolérer, favorifer, commettre ouvertement toutes fortes de vexations , mal concerter toutes fes expéditions , abandonner , fans les défendre & fans néceſſité , tous fes poſtes l'un après l'autre , épuifer le tréfor public , fans payer les troupes , autorifer une armée révoltée , lui propofer le pillage de la Ville , offenfer , éloigner fes Alliés , diffiper les vivres , s'oppofer aux moyens d'en avoir , jouer l'envie de capituler , mais traverfer indignement fa propre capitulation , en prévenant l'Ennemi de l'état de la Place , après l'avoir irrité , ou paru l'irriter , par des reproches de perfidie , & fe faire un prétexte de ces mêmes reproches , de fes propres avis , pour livrer l'Armée , les Habitants , la Ville , la Colonie , à la difcrétion de cet ennemi moins fort que foi , en nombre , n'étoit pas en effet une maffe accablante , un enfemble effroyable de perfidies accumulées! Mon Adverfaire s'eſt-il flatté de changer la nature des chofes, & le fens des expreffions les plus communes ? Je le crois , & s'il en faut une preuve nouvelle , le paragraphe que je difcute me l'offre encore. En effet , mon Adverfaire y donne le titre de Libelle anonyme , au récit très-circonſtancié de tous les crimes du Comte de Lally , fait par le Père Lavaur , Supérieur des Jéfuites dans l'Inde , & trouvé chez lui après fa mort , fous les fcellés , par les Commiffaires du Parlement ; il lui plaît de métamorphofer en dénonciations , les fimples dépofitions des quatre premiers Témoins entendus au Châtelet; il qualifie de Libelles ces dépofitions ; il traite avec la même bienféance , il honore du même nom , les plaintes de M. le Procureur-Général ; & dans fon ignorance réelle , ou feinte , des premières formalités d'un

Procès criminel , il trouve abominable que , M. le Procureur-Général ait rendu plainte des faits contenus dans ces dépofitions , & que les Témoins aient été affignés de nouveau fur ces faits : *Libelles* , dit la Lettre , *intitulés d'abord Dépofitions , puis transformés en Plaintes , puis redevenus Dépofitions.* Sans doute : & cela devoit être. Vous tracez exactement la marche naturelle d'une Procédure extraordinaire : un Témoin eft entendu , le Miniftère public prend dans fa dépofition des faits dont il rend plainte : le même Témoin eft réaffigné fur cette Plainte ; telle eft la forme , elle eft indifpenfable ; la raifon l'enfeigne , la Loi l'ordonne , les exemples n'en font pas rares. Il n'eft pas un Citoyen peut-être , à qui ces notions élémentaires du droit criminel ne foient très-familières , ou du moins très-intelligibles. Eft-il permis à mon Adverfaire de les ignorer ? N'auroit-il pas dû s'en éclaircir , avant de les combattre ? Et n'eft-il pas étrange qu'on trouve du crédit pour ces erreurs injurieufes à la Magiftrature ? que des Journaux autorifés les propagent ? Ai-je tort , quand je prétends qu'il exifte un parti qui foutient mon Adverfaire , trompe les Miniftres , & raffure les Journaliftes ?

Quant aux dépofitions *apportées à la Juftice par les Témoins* , dit l'Auteur de la Lettre , *lues par eux , & tranfcrites par elle* , j'ignore ce qui s'eft paffé au Châtelet , mais je fais qu'au Parlement , un feul Témoin ayant tiré de fa poche , un papier , fur lequel il avoit jetté des notes , M. Pafquier , qui s'en apperçut à l'inftant même , lui dit de remettre cet Ecrit dans fa poche , & qu'on ne lifoit point fa dépofition. Voilà un fait que j'avance. Il est notoire au Palais. Mon Adverſaire peut affecter de n'en rien croire : je ne chercherai pas à le diſſuader : ce n'eſt point avec lui que j'entre dans ces détails : je les déclare à mes Juges, je les expoſe à mes Concitoyens ; j'en donne pour garant la parole expreſſe du Magiſtrat que j'ai nommé ; & s'il falloit produire une autorité après la ſienne , j'invoquerois le témoignage de Mᵉ. Fremyn , Greffier , qui l'aſſiſtoit , qui me l'a dit , & vit encore. J'en atteſterois le Témoin lui-même , que je ne crains pas de nommer ; c'eſt M. de Buſſy. Mais , c'eſt trop réfuter , trop honorer des calomnies extravagantes , que le beſoin d'une Cauſe déſeſpérée ne peut pas même juſtifier : mon Adverſaire outrage ſans retenue & ſans prétexte tous les Juges de ſon père , & ces Juges lui pardonnent : voilà tout ce que j'aurois dû dire. Revenons à ſa Lettre.

Je m'attendois même à plus que des Ecrits ; & réſolu de m'immoler , s'il le falloit , content de perdre la vie , ſi ma mort ſervoit à faire apprécier celle de mon père , j'ai tout bravé en même temps que tout prévu..... J'AI TOUT BRAVÉ EN MÊME TEMPS QUE TOUT PRÉVU ! Ce langage , MESSIEURS , eſt un peu fier : voyons s'il eſt placé. Vous avez donc tout prévu ?.... J'en doute , & je vous interpelle ſur votre honneur...... Aviez-vous prévu mon intervention ? Vous étiez-vous figuré que votre Cauſe ſeroit éclaircie à l'Audience ?.... Vous avez tout bravé ?.... Mais , dites-moi , je vous ſupplie , quel eſt le ſens de ces paroles ? Vérité ſouveraine ! mon Adverſaire les explique lui-même....... *Réſolu* , dites-vous, *de m'immoler , s'il le falloit : content de perdre la vie , ſi ma mort ſervoit à faire apprécier celle de mon père.....* Ah ! imprudent jeune homme ! Tel étoit en Afie le langage de votre père. Il opprimoit tous les François , & parloit toujours d'affaffinat. Vous cherchez à les déshonorer , & vous parlez comme lui d'affaffinat. Quelle défenfe ! Mettons-la dans tout fon jour. *Les Témoins ont combiné leur parjure , les Juges ont proftitué leur fanguinaire voix , les Témoins & les Juges ont égorgé le père , donc , ce qui refpire encore de ces Colons penfe au meurtre du fils.....* En vérité , tout mon cœur fe foulève aux idées que votre imagination enfante. Abrégeons ce commentaire. Il me fatigue. Je vous eftime affez pour croire qu'il vous fatigue plus que moi. Vous devez être importuné de la lumière qui fe lève fur vos Ecrits , vous devez être bien étonné vous - même de tous les traits échappés à votre plume.......... Je n'abuferai pas , MESSIEURS , de ce trifte avantage ; mais je dois vous raffurer fur la vie paffée de mon Adverfaire; on n'a jamais attenté à fes jours , jamais il ne l'a craint ; il a vécu fort tranquille , il a vécu très-protégé. Des Grands l'ont foutenu , des Flatteurs l'ont fervi , des Ecrivains célèbres l'ont prôné ; on dit même que les derniers foupirs de M. de Voltaire ont été pour fa Caufe........ Je lui laiffe avec plaifir ce protecteur , à qui les défaveux ne coûtoient rien , qui , de fon cabinet, prononçoit fur les affaires , fans connoître les pieces , fans avoir lu les informations. Vous les avez ces pieces , vous les lirez , MESSIEURS , ces informations : la juftice eft affife fur l'échaffaud du Comte de Lally , je fuis tranquille. Et vers la tombe de M. de Voltaire ,

le

le dirai-je , MESSIEURS ? ne vais-je pas entendre des clameurs s'élever contre moi ? N'importe , j'aurai pour moi le fuffrage des pères fages , des mères judicieufes , des époux vertueux , des amis fincères , des Auteurs citoyens , des Magiftrats incorruptibles , des Souverains prévoyants , de tous ceux en un mot pour qui les mœurs font encore quelque chofe : vers la tombe de M. de Voltaire , s'avance à pas lents, mais fûrs , la poftérité , qui , dans l'Ecrivain le plus vanté , cherchera vainement un homme de bien. N'a-t-il pas dit , au refte , que tout le monde avoit droit de tuer le Comte de Lally , hors le Bourreau ? Si j'entends bien la langue, ou cette phrafe eft dénuée de fens, ou bien il faut la regarder comme l'Arrêt du Comte de Lally ? En effet, un homme que tout le monde a droit de tuer , doit-il pour cela être tué par tout le monde ? Qui peut faire parler la vengeance publique ? Les Juges. Qui doit l'exécuter ?...... Je ne le dirai pas.... Je m'abftiendrai de prononcer ce nom, qui fait frémir..... & pourfuivant mon commentaire , je paffe rapidement aux deux derniers paragraphes du texte.

Mon Adverfaire , après avoir premièrement propofé les preuves de fa naiffance , que je ne m'attache point à difcuter ; fecondement, entaffé les expreffions qui lui font familières , *de cabale, de prévention, de fuggeftion, de fubtilité , d'allégations chimériques, d'affertions inintelligibles , de définitions , de diftinction , & de fubdivifion ;* troifièmement, réduit à deux chefs , en oubliant les abus d'autorité , toutes les accufations intentées contre fon père , favoir , la haute trahifon , qu'il foutient

G

non-feulement démontrée fauſſe, mais même phyſiquement impoſſible, & la concuſſion, qu'il ſoutient, non pas phyſi-quement impoſſible, mais également fauſſe ; quatrième-ment, *défié de prouver que ſon père eût fait paſſer une ſomme de dix ſols , par aucun pays étranger , en effets , en argent , ou en Lettres de change* ; fait grand bruit du peu de bien trouvé après la mort du Comte de Lally , comme s'il s'agiſſoit du bien trouvé, & non pas du bien reſté; attribué à des calomniateurs coupables , convaincus , ſelon lui, *d'un ſecond ou plutôt d'un millième parjure* , je ne ſais quel ſyſtême de biens paſſés en Europe, ou reſtés dans l'Inde; mon Adverſaire , dis-je , nous apprend qu'il vient d'envoyer à Bruxelles un pouvoir pour recher-cher , pourſuivre , & faire punir en ſon nom , les auteurs & inſtigateurs de la Note infame du 21 Mai dernier....... Je ſerois curieux de voir l'inſtruction & l'iſſue de cette Procédure ordonnée à Bruxelles. Il ſeroit étrange qu'elle ne fût pas même commencée. Il ſeroit bien ſingulier que l'auteur de la Note ne fût pas un ennemi de la mémoire du Comte de Lally. Les Magiſtrats , MESSIEURS , ſont accoutumés à voir des choſes ſi bifarres , des combinaiſons ſi particulières , que vous ne ſerez pas étonnés de mes ſoupçons. Quoi qu'il en ſoit, mon Adverſaire obſerve dans ſa Lettre, que , ſi l'impreſſion des Gazettes étrangères *n'eſt pas ſoumiſe à l'autorité du Miniſtre , leur cours dans toute la France en dépend abſolument.* Cette remarque n'eſt pas prudente ; on auroit dû nous laiſſer ignorer , ou du moins oublier , que le cours d'un papier , dans lequel on accuſe une Colonie , un Parlement , de s'être entendus pour égorger avec le glaive de la Justice un Citoyen irreprochable , dépend abfolument dans toute la France d'une autorité foumife aux Loix Françoifes.

Enfin, MESSIEURS , le Défenfeur du Comte de Lally, prêt à finir fa Lettre *inconcevable* , s'exprime ainfi : *Je cite d'avance à ce même Tribunal* (le Tribunal public) *tous ceux qui méditent , & qui annoncent même déja des Libelles contre le fils & contre le père ; je les fomme de mettre leurs noms en tête de leurs ouvrages , fous peine de fe voir dévoués , comme de vils impofteurs , au mépris & à l'anathéme*....... C'eft une imprécation terrible : au mépris ! à l'anathême !........ Pour moi , MESSIEURS , j'ai tâché de ne pas l'encourir..... & fur ce paragraphe , l'avant-dernier de la Lettre au Mi-niftre , mon feul commentaire fera la mienne au Dé-fenfeur du Comte de Lally. Permettez-moi de vous la lire ; je l'écrivois dans un moment où mon ame étoit foumife à deux impreffions : l'une que venoit de produire la lecture des dernières pages du Mémoire au Confeil , dans lefquelles , véritablement , la piété filiale de mon Adverfaire , s'eft peinte à grands traits ; l'autre , qui naiffoit de la conviction où j'étois , & fuis toujours , que , votre Arrêt , s'il eft conforme , ainfi que je l'efpère , à celui de Paris , ne fera pas plus refpecté ; que les mêmes Libelles attendent tous les Parlements du Royaume, l'un après l'autre , & que la publicité des charges peut feule mettre fin à ces déclamations féditieufes dont M. de Voltaire a le premier donné l'exemple impuni.

» J'ai fous les yeux , Monfieur le Comte , j'ai lu d'un
» bout à l'autre une copie manufcrite du Mémoire que
» vous avez préfenté au Confeil, fur la caffation. Il m'a
» touché , non par le raifonnement , mais par le fentiment ,
» & je me hâte de vous faire une propofition que je crois
» digne de vous. Je n'abandonnerai jamais la mémoire
» de mon Oncle , de cet homme innocent & malheureux,
» que le feu Comte de Lally a déchiré , (j'adoucis l'ex-
» preffion) après l'avoir fait mourir de chagrin. Je ne
» vous propofe pas d'abandonner la mémoire d'un père
» que vous ne croyez pas coupable. Mais, Monfieur ,
» j'ofe vous le demander : aimez-vous la juftice ? Cherchez-
» vous la vérité ? Votre premier defir eft-il de la voir fe
» montrer dans tout fon éclat , & dans toute fa force ?
» Voulez - vous que les hommes de tous les ordres :
» Militaires , Magiftrats , Citoyens , Etrangers , que
» l'univers entier foit notre Juge ? Eh bien , Monfieur,
» réuniffons-nous pour ce grand & noble objet, qui doit
» enfin l'emporter fur tous les autres ; préfentons de
» concert une Requête au Roi ; fupplions-le de permettre,
» foit avant , foit après l'Arrêt du Parlement de Nor-
» mandie , comme vous voudrez , que le Procès entier du
» feu Comte de Lally, depuis la Plainte jufqu'au dernier
» Interrogatoire , foit imprimé à nos frais , & diftribué
» dans toute l'Europe ; je m'engage à figner ce Placet ,
» & quand le Procès fera public , à ne pas dire un mot.

» Je préfente aujourd'hui ma Requête d'intervention ,
» & je pars à cinq heures pour Paris , où j'attends ,
» Monfieur le Comte , votre réponfe à cette Lettre ,
» fous quatre jours , & j'ai l'honneur de vous déclarer

» que , paffé ce délai , je prendrai des mefures pour que
» ma Lettre foit mife fous les yeux du Roi , & publiée.

» Il ne me fuffira pas, Monfieur, d'éclairer nos Juges :
» je veux encore inftruire l'Europe, le monde entier ,
» tous les hommes qui lifent & qui penfent , & j'efpère
» y parvenir.

» Agréez les affurances des fentiments refpectueux avec
» lefquels j'ai l'honneur d'être , Monfieur le Comte ,
» votre très - humble & très - obéiffant ferviteur. *Signé* ,
» d'Eprémesnil. A Rouen , ce 9 Août 1779.

Quelle réponfe la Cour penfe-t-elle qu'on ait faite à
ma Lettre ?....... Aucune.

Comparons ce filence au défi qui termine la Lettre
de mon Adverfaire au Comte de Vergennes. En voici
les propres termes : *Enfin , à la face de l'univers , je
porte à tous les Ennemis de mon père & de fa mémoire ,
quels qu'ils aient été, quels qu'ils foient , quels qu'ils puiffent
être , paffés , préfents , ou à venir, le défi de produire la
preuve d'un feul crime , l'ombre d'une feule preuve , contre
cette malheureufe & innocente victime.*

En vérité , MESSIEURS , pardonnez-moi cette
expreffion , les bras me tombent. Défenfeur infortuné
du Comte de Lally! je ne fuis point fon ennemi, moins
encore le vôtre , je vous l'ai déja dit : mais il a calomnié
le frère de mon père ; mais vous reproduifez fes outra-
geants Mémoires ; je fuis votre Adverfaire , je dois
l'être , ce titre me fuffit , votre défenfe ne peut plus
m'être indifférente. Vous demandez , vous provoquez la
preuve d'un feul crime , l'ombre d'une feule preuve ;

Tel eſt votre défi : avant que j'y réponde , écoutez les miens ; je ne les adreſſerai point, par la voie d'un Journal , à des inconnus , à des abſents : c'eſt à vous , nommément , que je les porte , devant nos Juges ; ils vous feront ſignifiés.

J'ai tranſporté ici , je dépoſerai entre les mains de M. l'Avocat-Général , je conſens qu'elles ſoient communiquées à mon Adverſaire , toutes les correſpondances de mon Oncle avec les Miniſtres , la Compagnie , les Conſeillers , les Officiers , les Employés , les Etrangers , & je déclare avec ſerment que je n'en retiens pas une ſeule Lettre.

Eh bien , Monſieur , dans toutes ces correſpondances , je vous défie de trouver une ligne qui ſoit au déſavantage de mon Oncle :

Je vous défie de citer un ſeul homme dans la Colonie , qui ſe ſoit plaint de mon Oncle , avec le plus léger fondement , & d'en citer un ſeul , qui n'ait pas eu lieu de porter contre le ſieur de Lally , les plaintes les plus graves :

Je vous défie de citer une ſeule demande du Comte de Lally , ſur laquelle mon Oncle ne l'ait pas ſatisfait , ou n'ait prouvé l'impoſſibilité de le ſatisfaire : impoſſibilité provenant preſque toujours de la faute du Comte de Lally :

Je vous défie de citer un ſeul fait important dont mon Oncle n'ait pas été inſtruit : un ſeul avis néceſſaire que mon Oncle n'ait pas donné au Comte de Lally : une ſeule précaution qu'il ait négligé de prendre par lui-même , ou d'inſpirer au Général : une ſeule négociation avantageuſe à l'Etat , qu'il n'ait pas favoriſée de tout ſon pouvoir : une ſeule , inutile ou funeſte , ſur laquelle il n'ait pas gardé , avec tout autre que M. de Lally , ſon Supérieur , & le Conſeil , compoſé de ſes Collègues , le plus reſpectueux ſilence :

Je vous défie de citer un ſeul poſte françois dont mon Oncle n'ait pas prévu la perte , un ſeul poſte ennemi dont mon Oncle n'ait pas prévu le ſalut , par les moyens inſuffiſants ou contraires que le Comte de Lally employoit , quoiqu'averti.

Et , pour que l'homme ſoit connu dans mon Oncle auſſi-bien que l'Adminiſtrateur , je vous défie de citer une ſeule plainte , un ſeul murmure , par écrit ou verbal , que mon Oncle ſe ſoit permis , que dis-je , je vous défie de citer une ſeule attention perſonnelle , que mon Oncle , vexé , outragé , ruiné , calomnié par M. de Lally , n'ait pas eu pour ſon perſécuteur , dans lequel je vous ſoutiens qu'il n'a pas ceſſé un ſeul inſtant , de voir , d'honorer , de reſpecter , d'aider de ſes conſeils , de ſon pouvoir, de ſa perſonne , l'homme du Roi & de l'Etat.

Enfin , je vous défie de citer une ſeule occaſion même légère , où mon Oncle ait négligé un devoir de ſa place :

Une ſeule où ſa fortune , ſon repos , ſa ſanté , ſa vie aient été pour lui de quelque prix en comparaiſon du bien public :

En un mot , je vous défie de trouver dans toute ſa conduite , je ne dis pas , ſeulement , ſous le Généralat de votre père , mais pendant vingt années , que lui , mon Oncle, a commandé dans l'Inde, depuis l'âge de 26 ans, jufqu'à celui de 46, un feul trait, qui ne foit pas conforme aux Loix les plus ſtrictes du patriotifme le plus pur, du gouvernement le plus juſte, de la fubordination la plus généreufe, du défintéreffement le plus religieux.

Ces défis, Monfieur, font-ils clairs? Je me flatte que l'auteur de la véhémente Lettre qui me les arrache, y répondra cathégoriquement. Et pourvu que, fur chaque fait qu'il lui plaira d'alléguer, il veuille bien citer la date, je m'engage, fur mon état, fur mon honneur, j'ajouterois fur ma tête, fi cette garantie, moins chère que les deux autres, n'étoit pas encore très-ridicule, quand elle eft inadmiffible; mais je m'engage, fur mon état, fur mon honneur, à ne pas laiffer contre mon Oncle, aux plus légers reproches, le plus léger prétexte... que fi vous ne répondez pas à ces défis, Monfieur, nous fommes jugés........ Revenons au vôtre; il eft formel : la preuve d'un feul crime : l'ombre d'une feule preuve: vous fommez de les produire. C'eft bien là votre défi! Ma réponfe fera très-courte..... Je l'accepte.

C'eft à vous, maintenant, de voir, fi vous voulez que je pourfuive. Il eft encore temps d'obtenir mon filence. Je n'ai ni le droit, ni la volonté d'attaquer la mémoire du Comte de Lally, qu'en repouffant les calomnies publiées pour fa défenfe, contre mon Oncle : abandonnez-les ces calomnies, tenez mon Oncle pour innocent, défavouez fur ce point les Mémoires du Comte de Lally, & je quitte le champ de bataille; je vous y laifferai expofé aux feuls coups du Miniftère public.

C'eft

C'eſt un adverſaire bien redoutable : vous ne l'éprouverez que trop. Mais enfin, expliquez-vous avec moi, les moments ſont précieux, il n'eſt plus temps de reculer, je vous le demande pour la dernière fois, *perſiſtez-vous dans les imputations de M. de Lally, contre mon Oncle ?* Peſez ma queſtion, Monſieur, & vos vrais intérêts : voyez ſi vous me forcerez juſques dans les derniers retranchements de l'honneur : je crois en avoir aſſez dit pour vous prouver que la vérité m'eſt connue, qu'elle m'eſt chère par-deſſus tout, que j'oſerai la publier. Encore un mot, c'eſt le dernier : ce mot eſt d'un Ancien que l'aſpect des Courtiſans n'auroit pas déconcerté, ce mot ne ſera donc pas déplacé dans notre Cauſe..... *j'apporte dans le pan de ma Robe la paix ou la guerre....* choiſiſſez, Monſieur : je vous laiſſe le temps d'y réfléchir : vos réſolutions détermineront les miennes.

Juſques là, ſouffrez, MESSIEURS, que je laiſſe à vos pieds, en dépôt ſous l'égide impénétrable de la Juſtice, mes plus chers intérêts, & mes juſtes reſſentiments. La vérité, pour être différée, ne ſera point trahie : l'innocence ne ſera point abandonnée : je revole à ſon ſecours, ſi l'on m'y force : peut-être qu'à la fin mon Adverſaire mieux conſeillé, ceſſera de mettre en oppoſition ſa Cauſe & mon devoir ; mais s'il dépend de lui d'enchaîner ma voix, la vôtre........ la vôtre, MESSIEURS, ne ſera point captive. Il eſt temps de le dire, le moment eſt venu de m'oublier moi-même, pour ne penſer qu'aux Loix. Je ſuis leur Miniſtre, je n'ai pas ceſſé de l'être, j'ai dû m'en ſouvenir. Ce caractère indélébile, ce titre auguſte qui me conſacre à la Patrie, qui m'a donné au Roi, qui m'unit à Vous, ne doit pas , je le fais , je fais gloire d'en convenir , influer fur votre Arrêt ; mais il a dû régler ma défenfe. Par lui , ma délicateffe eft juftifiée ; par lui , mon courage eft foutenu ; par lui , mes dernières paroles , dans une Caufe où mon honneur eft compromis , feront déterminées. O Loix de mon Pays, Loix , que j'ai juré de fuivre , & que j'obferverai jufqu'au dernier foupir au péril de ma vie , Loix pour qui mes Juges ont prodigué leurs veilles & préfenté leurs têtes , Loix dignes en effet de la contemplation des hommes fages , & du fang des hommes libres , eft-ce bien à moi pourtant de vous défendre ? Que fera pour votre caufe un fecours auffi foible ? Par quels traits ferai-je aimer votre beauté févère ? Que répondrai-je à vos fublimes infpirations ? Mon ame ne peut fuffire aux fentiments dont vous la pénétrez ; l'idée de mes devoirs m'accable-t-elle ? Je le crains , je le fens : ma voix fe trouble , elle s'arrête...... Ranimez-la, donnez-lui votre énergie , armez-moi de tout votre pouvoir : ou plutôt, Loix tutélaires , à mon défaut , venez , parlez vous-mêmes , montrez-vous à mes Juges ! Hélas ! telles que vous êtes , oubliées , méconnues , défigurées par le temps & par les hommes , votre afpect les touchera. Peignez-leur les dangers qui vous menacent , les outrages que vous avez reçus. Vos Autels font chancelants , vos Oracles font incertains , vous raffurez vainement l'innocence , vous puniffez le crime fans fuccès , une fauffe pitié , cruelle envers les gens de bien , fuccède à vos faintes rigueurs ; vos anciennes maximes font place à des fyftêmes , l'état des hommes ne dépend plus de vous, & l'inftabilité des jugements , le fymptôme le plus funefte de l'affoibliffement des principes , du déclin des

Empires , se fait sentir dans le Royaume qui n'y résistera pas , si vos Ministres découragés , si les vrais conseils des Rois , désespérant de la chose publique , n'opposent pas au torrent des nouveautés toutes les forces , ces forces bienfaisantes , supérieures , dont la raison & la justice environnent toujours des corps de Magistrature , désarmés & vertueux. Dieu de nos Pères ! détournez ce présage ! Loix que j'atteste , ô Loix qui m'inspirez , vous serez entendues ! Les Magistrats que j'implore en votre nom , ne souffriront pas que vous périssiez. Vous avez tant fait pour eux ! Ils vous doivent la paix , ils vous doivent leur gloire. Vous les avez soutenus dans les dangers , vous les avez suivis dans la retraite , pour adoucir , pour terminer , pour honorer leurs souffrances immortelles ; comptez sur leur courage , comptez sur leur sagesse , comptez sur leur justice ; ne prenez plus une voix suppliante ; ils me désavoueroient , si je doutois de votre pouvoir sur eux , cessez de craindre. Nous les verrons , j'ose vous l'annoncer , nous les verrons , par leur courage , vous rendre tout l'éclat dont vous les avez couverts ; par leur sagesse , éclairer le Souverain sur le trône où vous l'avez placé ; par leur justice , consoler la Nation dont ils vous ont garanti les libertés ; & le succès passager obtenu contre vous n'aura servi qu'à vous préparer un triomphe plus beau.

Mais ce triomphe suffiroit-il à mon cœur ? Suffiroit-il à votre gloire ? N'aurez-vous d'autorité , Loix salutaires , que sur des ames accoutumées à vos leçons , & qui se plaisent à porter votre joug honorable ? Animer des Magistrats , les affermir contre l'intrigue , l'emporter avec eux sur le crédit ; cette victoire ne vous est

pas bien difficile. Il en eſt une qui manque aux annales du genre humain : c'eſt à vous de l'obtenir.
On a vu l'amour paternel s'immoler à la Patrie : ſacri-
fice héroïque , ſurnaturel , ſans doute ! Et néanmoins ,
MESSIEURS , un grand cœur le conçoit , plutôt que celui
du reſpeƈt filial cédant à la Juſtice. Ce nom de fils impoſe
des devoirs ſi ſacrés , qu'il ſemble qu'aucun autre ne
puiſſe être mis dans la balance. La juſtice pourtant
doit l'emporter. On peut immoler ſes enfants à l'Etat;
on ne doit pas ſacrifier l'Etat à ſon père. Tel eſt l'ordre
des choſes ! tels ſont vos droits , ô nature ! ô patrie !
Seront-ils mieux connus ? Seront-ils conciliés ? J'aime
à le croire : je n'ai jamais déſeſpéré de la raiſon , de la
vertu ; mon Adverſaire ne m'obligera pas à changer de
ſentiments. Non , Monſieur , non , vous n'êtes pas le
maître de penſer autrement que moi-même , non , vous
ne croyez pas qu'un fils religieux , qui défend ſon père ,
doive ſe faire un mérite d'abjurer la raiſon , d'écraſer
l'innocence. Ou ſi vous en doutez , de grace , dites-
moi , pour qui combattez-vous ? Sans doute vous croyez
que l'ombre de votre père n'eſt point indifférente à
vos efforts : vous avez raiſon , Monſieur ! j'ai le bonheur
de penſer comme vous : j'adore ſincérement ces vérités
conſolantes , ſublimes , qui ſont de tous les ſiècles &
de tous les pays , qui font la baſe de nos devoirs , la
douceur de notre vie , le bonheur des familles , le repos
des Empires , un Dieu ſouverainement juſte qui punit
& qui pardonne , une ame que la mort n'anéantit pas ,
mais qu'elle éclaire , vérités reconnues par les hommes
les plus ſages & les plus vertueux de l'antiquité païenne ,
& tournées en dériſion par la philoſophie moderne ,

dans le fein de laquelle je n'ignore pas que votre Caufe a trouvé des partifans. Laiffez là fes erreurs, laiffez fes promeffes infructueufes, rapellez vos principes, penfez à votre père, mettez-vous en fa préfence. Si, dans l'inftant où je vous parle, fon ombre paroiffoit à vos yeux, dans ce Parquet ! au milieu de vos Juges !.......... Ombre, qui n'avez rien pour moi de redoutable, prononcez vous-même........ je crois la voir, je crois l'entendre, elle parle, écoutons-la........ Mon fils, j'ai mérité la mort : laiffez ma cendre en paix. Mon ame, dégagée des paffions qui vous agitent, n'approuve pas l'excès de votre zèle. Ne réveillez pas contre moi la haine publique ; ne me faites pas mourir une feconde fois : mes fautes font expiées. Vous prétendez venger ma mémoire ; mon fils, on ne fe venge point des Loix. Refpectez-les ; méritez par vos fervices d'avoir la France pour patrie, & fon Roi pour Souverain. Vous irez enfuite verfer des larmes fur ma tombe. Ces larmes me feront précieufes. Mon fils, pleurez la mort de votre père, mais que ce foit fans l'imiter ni le défendre.

Je perfifte, MESSIEURS, dans mes Conclufions.

DU VAL D'EPRÉMESNIL.

Monfieur DE GRÉCOURT, Ier. Avocat-Général.

M^e. CLEROT, Procureur.

A Rouen. De l'Imprimerie de LOUIS OURSEL, rue de la Vicomté. 1780.